JN273726

楽しみを舞台にのせて

ともに創る心理劇

日本心理劇協会／日本関係学会　監修

土屋明美／小里國惠／武藤安子　編集

ななみ書房

まえがき

　本書は，今を遡ること49年前（1965年）に，4歳の男児が両親に伴われて，O大学の児童臨床研究室を訪れた時のことから始まります。

　男児はその後，幼稚園，小学校，中学校，養護（現・特別支援）学校と進み就労に至りました。その間，継続して同研究室での活動に参加してきましたが，中学1年の春休みに「心理劇」と出会い，それ以降心理劇は彼の生活の中で特別な位置を占めるようになりました。ご家族が男児の養育に関して様々な相談機関を訪ね歩いた末に出会った児童臨床研究室や日本心理劇協会の人々とのかかわりあいが，その後も長きにわたって続くとは，当時誰も想像しなかったのではないでしょうか。

　本書は3部から構成されています。
第1部　楽しみながら気づき・変わる
　彼との生活を心理劇の参加を軸にしてお父様が克明に記録し，それを日本関係学会他に欠かさず発表されており，その発表に基づいて構成されています。
　彼の生い立ちや心理劇との出会い，家庭や職場での様子などが叙述されています。心理劇と生活の橋渡し役をご家族が担い，心理劇体験をその場だけの楽しみに終わらせずに，職場や家庭生活に応用する術が述べられています。

第2部　発達臨床から心理劇へ
　幼児期の関係療法と青年・成人期の心理劇参加による変化について論述されています。
　前半は，関係療法においてのびのびと動く彼とリーダーチームの関りあいがダイナミックに展開する様子が，技法として解説されています。
　後半は，心理劇初参加から16年間の活動を通しての成長，特に想像の世

界を心理劇的に展開することについて「余剰現実」の観点から考察されています。どちらも論文の初出年度は古く，公表にためらいもありましたが彼との関わりの理論的基礎を読み取る一助となればとの思いから掲載させていただきました。

第3部　ともに創り・育つ心理劇の諸技法
　心理劇セッションの中から人間の発達，生活，文化のありようの違いを超えて展開可能な，ともに育つ心理劇の諸技法を選び，また彼が好んで行った「映画心理劇─全員参加の心理劇」について紹介します。

　本書の主人公は，成人してからも心理劇を楽しみにして，映画心理劇のかじ取り役として活躍してきました。心理劇で彼に会うのを楽しみにしている人も多数いました。
　しかし，誠に残念なことに50歳まであと半年という日に，数日後の研修会の準備をしたまま…旅立たれました。
　私たちは彼の不在からくる喪失感，彼との映画心理劇ができなくなった哀しみに久しく襲われていましたが，ご遺族の意思を尊重し，日本心理劇協会および日本関係学会の賛同を得て，本書の編集に着手するに至りました。

　彼に心から敬意を表し，ともに創りあげてきた活動の一端をここに上梓させていただきます。舞台での彼の満面の笑みが，参加する誰にも幸せをもたらしてくれたように，彼が愛した心理劇が世の中に広く展開し，誰とも共有できるようになることを心から願っております。
　　　　2014年6月
　　　　　　　　　　　　　　　　　　　　　　　編者を代表して
　　　　　　　　　　　　　　　　　　　　　　　日本心理劇協会　土屋明美

もくじ

まえがき

第1部　楽しみながら気づき・変わる

① 松村康平先生と歩んだ私たち親子 ………………………………… 7
② 心理劇との出会い …………………………………………………… 18
③ 就職準備から就労へ ………………………………………………… 21
④ 心理劇体験の効果と応用 …………………………………………… 29
　❶ 第1期（1975〜1984）　就職にいたるまで
　❷ 第2期（1985〜1990）　転職
　❸ 第3期（1991〜1993）　想像と現実の世界のこと
　❹ 第4期（1994〜1999）　生活面での進歩
　❺ 家庭での日常生活
⑤ 亡き息子へ …………………………………………………………… 42
　❶ ヒーちゃん，心理劇との出会いがあってよかったね
　❷ 病気への対処

第2部　発達臨床から心理劇へ

① 子どもの発達臨床技法としての心理劇 …………………………… 47
② 発達臨床の技法と実践 ……………………………………………… 48
　❶ 対自己関係発展の技法
　　　　－用意される物の特殊性に即してすすめられる技法
　❷ 対人間関係発展の技法
　　　　－用意される関係に即して
　❸ 対物関係発展の技法

③　心理劇における人格の変容 ─ 現実と想像の狭間に ……………　65
　　❶　要　約
　　❷　研究目的
　　❸　本研究の課題提供者
　　❹　課題提供者の概要
　　❺　遊戯療法から心理劇参加へ
　　❻　活動経過
　　❼　考　察
　　❽　新たな課題を提供

第3部　ともに創り・育つ心理劇の諸技法

　①　かかわり技法の典型例 ……………………………………………　90
　　❶　2人でひとり ─ 2人でひとつの役割を演じる
　　❷　役割交換への第一歩
　　❸　聞こえない壁 ─ もうひとりの自分と協力して
　　❹　少人数で集まって
　　❺　個人と集団の媒介的役割を担う
　　❻　3人でひとり
　　❼　エネルギーを回す ─ 受けて・感じて・渡す
　　❽　ストーリーを創り・演じる
　　❾　予定の変更も楽しく
　②　心理劇技法いろいろ …………………………………………… 　105
　　❶　場面のつくり方
　　❷　映画心理劇のさまざまな進め方
　　❸　役割の取り方
　　❹　いま・ここで・新しく
　　❺　言葉・動作・空間把握
　　❻　身体を使って
　　❼　音　楽

③ 映画心理劇の展開 …………………………………………… 134
 ❶ 目　的
 ❷ 方　法
 ❸ 結果と考察
④ 楽しみを舞台にのせて ……………………………………… 143
 ● 2009 年 4 月〜 2010 年 4 月　　143
  ❶ 心理劇でしたこと
  ❷ 効　果
  ❸ 目　標
 ● 2010 年 4 月〜 2011 年 4 月　　146
  ❶ 心理劇でしたこと
  ❷ 効　果
 ● 2011 年 6 月〜 12 月　　148
  ❶ 心理劇でしたこと
  ❷ 効　果

発刊に寄せて …………………………………… 154
編集をおえて …………………………………… 168
文　献 …………………………………………… 171

[執筆分担]

第1部 ①,②,③,④,⑤-❷ ……下郷康雄
　　　 ⑤-❶ ……下郷洋子
第2部 ①,② ……武藤安子
　　　 ③ ……土屋明美
第3部 ① ……土屋明美
　　　 ② ……土屋明美,小里國惠
　　　 ③ ……土屋明美,小里國惠,宮川萬寿美,中村忍
　　　 ④ ……下郷康雄

（挿画　野口優子）

第1部　楽しみながら　気づき・変わる

１　松村康平先生と歩んだ私たち親子

（初出：下郷康雄　2004　関係学研究　第32巻第1号）

● はじめに

　私たち親子が最初にO大学の児童臨床研究室に松村康平先生をお尋ねしたのは1965年で，長男Hが幼稚園に行く前の年でしたから，先生のお世話になったのは38年という長い年月でした。当時，住んでいたC県の団地には，Hと同じ年代の子供がたくさん住んでおり，Hがテレビから覚えたらしい「ＴＢＳ・東芝・シオノギ製薬」などの単語しかしゃべれなく，外へ出て親が目を離すとどこまでも勝手に歩いて帰らなくなることが多いなど，他の子供達との違いが大きいのに，2才ぐらいから気づきました。

　市役所の幼児相談に申し込んでHを連れて行ったらお医者さんから「初めて見る変わった行動の子供だ，学術研究の対象になる」と言われましたが，問題の解決にはなりませんでした。次は新聞を見て「自閉症児も入園させている幼稚園」があったので，見学に行ってみました。「自閉症だと思います。通ってみますか？」と親切に言っていただきましたが，通園に不便なので次を探すことにしたこともあります。

【幼児教室 （1965年～1966年）】

　幼稚園の一年前の子供を対象の幼児教室が当時住んでいた団地の中にあり，先生の一人が知人だったので，Hのことを心配してくださり，教室にも入れてくださいました。その上に，この先生のご主人がＮＨＫ勤務で松村先生の研究室に取材に行って大変に感銘を受けたことを思いだして紹介状を書いて下さったのが，松村先生との長いつながりのきっかけになりました。大塚駅前から都電に乗って大学前で下車し，運動具店と洋服屋の間を歩き通用門から研究室に入りましたが，このコースはHが大好きでしたし，両親にも思い出が何時までも残っています。

　先生は，3人の若い先生と一緒で「これから四人でやります。Tuさん，Tiさん，Oiさんです，Tuさんには担任の先生の役をしてもらいましょうか」と説明があっただけで，すぐにHと一緒に皆でふるまうことが始まり，親は少し驚きましたが，Hがついていく場面があるので少しほっとしたのを，今でも忘れません。Hは「Ｏ大学」と言えないので「大塚へ行きます」と，この言葉だけは，嬉しそうに，はっきりと言えるようになり，ほっとしました。

【幼稚園 （1966～1968年）】

　住んでいる場所のすぐ側の幼稚園が便利がいいと思って申し込みましたが，試験会場から飛び出してしまい不合格になりました。仕方なく，バスで通園する隣町の幼稚園に申し込みましたが，評判が高い名門幼稚園なのに面接試験もなく，抽選だったので合格しました。入園してすぐに問題児になり，先生や他の園児・親から苦情が出ていたのに，不思議と私の家に幼稚園からの注意はありませんでした。

　しばらくして，園長先生とお話する機会があり，母親がＯ大の松村先生のところで指導を受けていることを報告したら，大変賞めて頂きました。園長先生も松村先生の講習会に何度か出席し，この幼稚園を「Ｓ幼稚園」（注：松村康平先生主宰）のようにしたいと何時も考えていますと話して下さいました。

　「問題があると批判されている園児とのかかわり方」時々こんな説明文が，

Hのカバンに入っていたし，近所の同級生のお母さんから，「先生達が，H君のことで園長先生に苦情を訴えても，問題のある友達と一緒に遊べるようにしましょう。松村先生の本を読むように諭され，一部の先生たちは困っておられる。」と聞かされ，その時はびっくりし松村先生に報告したら，ただ笑っておられるだけでした。幼稚園からのチラシの内容は，O大で，親の相談にのってくださるTu先生の説明によく似ているし，幼稚園でおこっている問題（先生や他の親達の不満）に対する処置も，Tu先生に相談しながらやっていたので，親は気楽にやっていけました。ここでも松村先生の恩恵を受けました。

【小学校 （1968年～1974年）】

　入学前の調査書への記入は，松村先生に相談して書きました。学校側の考えていたHの行動が予想から大きく外れていたので，担任の先生も他の先生も対処する知識が無かったし，「行動が余りにも奇抜すぎて対処していけない。そのため面倒みれない。」と説明があり教育委員会へ行って欲しいと連絡がありました。学校からの報告が不十分で，教育委員会では，親の話を聞いただけで，「O大で，松村教授の指導を受けているのだから家庭での対応はしっかりしている，先生たちの勉強が足らない。」とあっさり方針を決めてしまったので，小学校側は大変に不満だったようでした。

　次に小学校側から松村先生に会いたいとの要望があり，児童臨床研究室からOi先生（担当はTu先生から2代目に代わっていました）がすぐに来てくださいました。話し合いは，（小学校側は先生4人だったそうです）小学校側の希望で二回もありました。この話し合いには親は同席しませんでした。結果は「O大学の人は偉すぎて，話しても小学校側はとてもたちうちできないので，下郷さんから自発的にO大学に相談したり，指導を受けに行くのを止めて欲しい」という注文が私のほうにありました。

　小学校側が4人も参加し，Oi先生はお一人で話し合われたのに，その上で私のほうには自発的に松村先生の指導をうけるのを中止してほしいという責任逃れの対処の方法に対して，はっきりと断りました。しかし松村先生は

その後も，いろいろ対策をたてて下さり，それに従って行動したので，あれこれ迷うことはありませんでした。
　その頃，新聞にＩ市の国立Ｋ病院の小児精神科の記事があったので，小学校側に対して別の指導をして貰える場所も探す時間稼ぎの対策もとりました。病院の先生は，面接が始まったらすぐに「これは重い，しかし向かってくるいい性格もある。一応検査をしましょう。検査するのに短い時間ですが，眠り薬で睡眠状態にします」との説明があり，検査を受けました。結果は「軽いテンカンの症状がみられる」が，小児精神科の先生の診断でした。通院希望があれば受け付けます，治療方法は約40分はプレイルームで過ごす治療法で，先生の診察は確か隔週で薬は飲んで貰いますと説明されました。この検査方法と毎日の投薬について松村先生が病院に所見を述べてくださいました。病院には１回行っただけで，貰った薬も飲みませんでした。
　小学校側は次に社会福祉事務所に相談し，我が家に生活保護査定員が来てくれ説明を聞いて，担当違いだといって帰られました。福祉事務所から呼び出しの連絡があり，児童相談所へ行って欲しいと言われました。学校を休んでＩ市の相談所まで行ったことを，Ｈはよく覚えていて，小学校２年の２月だったと今でもちゃんと答えます。
　相談所では検定課長に会うようになっていました。大変親切な方で「たらい回しにされましたね，気を悪くされていると思いますが，Ｈ君のためになる最善の方法を見つけますから，お父さんと時間をかけて相談しましょう」と言って下さり，いろいろ検査されましたが全部やれないのもありました。「検査項目がＨ君にあわないのもあります」と説明されたり，面談の時間もＨ中心で優しくして頂き，Ｈは楽しそうでした。検定課長はその後で，検査の結果，小学校からの報告事項，Ｍ市の特殊学級（これは小学校側から提案されていた）の調査資料を持って，松村先生のところを２回も訪問して下さり，松村先生の意見を時間をかけて聞いて下さって，２回目は私にも一緒に行って下さいと言われ同行しました。
　帰りに検定課長から私に話して下さった結論は，次のことでした。
　① Ｍ市から，「情緒障害の生徒の学校での取り扱いについて」の答申案

を作るように依頼を受けています。松村先生ともお話をさせて頂いたし，これからも必要に応じて相談にのってくださるよう依頼し，承諾も得ましたので，下郷さんが困られるようなことがないように頑張ります。

② 児童相談所は，K病院の小児精神科の先生の指示を受けながらやることが多いのですが，松村先生の研究室は全員で，H君に対して愛情を持って接しておられるのが，よくわかりました。理論的に優れた指導する先生はおられますが，研究室全体が愛情を持って下さる場所を，他で見たことがありません。下郷さんは，H君のために松村先生の指導を長く続けられるように頑張って下さい。K病院はM市も指定病院にしているので，今後も行くことがあると思うが，薬は貰っても飲まないで下さい。若し面倒なことがおきたら，すぐ私に電話ください，巧くかたづけてあげます。

親切な助言でほっとしたし，今後の方針も決められたので頑張ることにしました。

答申案がM市に提出されてから，学校側の態度は好転しました。各学校に専門知識のある先生を1～2名置く案はすぐには実行できないので，現在の先生の中から選んで講習会に出席し，他の先生方に講義の内容を報告する方式がすぐに実施されました。Hの通学している小学校から講習会に最初に参加された先生から「ほかの先生方に説明する時に，松村先生のお考えも入れたいので，次のことを聞いてほしい」と質問項目を4つばかり書いたメモを預かりました。松村先生にお願いしたら，笑いながら読んで下さり，すぐに「Naさん，書いてあげなさい」と言ってくださいました。担当の先生が3代目のNa先生になっていました。Na先生に書いていただいた文を，自分の考えに入れて発表した小学校の先生は「私の説明は，解りやすくてよかったとみんなに誉められ，よく勉強したねと感心された」と，私のほうにお礼の言葉がありましたし，その先生にはHが大変面倒をみてもらえ，現在もお付き合いさせてもらっています。

答申案に沿った授業が4年から始まり，問題はありましたが，好意的にやっ

てくださる授業に変わり，先生方もHに対して親切になり小学校は卒業できました。

【中学校　（1974年〜1977年）】

　授業についていけないので，特殊学級にいれました。教育委員会の面接では，「こちらから現場の教師に指示しますから，普通学級でいいのではないですか？」と説明を受けました。「H君のことは，小学校2年生から知っています」とも話されました。

　中学校の担任の先生は，「今年の新入生は何もできないのばかりだ。5年続いた市内の特殊学級合同運動会のリレーの1等を他の学校に奪われるのは何より悲しい」何度もこの話を親達は聞かされました。Hのようなのは初めて見たと口に出すだけで対策は余り考えられませんでしたが，Hに似たような子供が同級生にもいたし，次の年からも続けて入学してきたので，親達とのトラブルが増えました。「お行儀が悪い」と注意ばかりの日々なのでHは暗い性格になっていました。

■　心理劇研究会への参加

　中学2年4月から，親子で日本心理劇協会（松村康平先生代表）の心理劇研究会に入れてもらって，みるみる明るい性格になりました。学校からは，Hが楽しそうに自分勝手にフラフラ歩き回ることがあり困るので，心理劇は止めて欲しいと言われたことがありました。その時期は子供への指導が心配で学校に参観にいくお母さんが増えていたので，Hの味方のほうが人数が多くなり，Hへの苦情が親の耳に入る時には，問題はほぼかたづいていました。

　心理劇に入れてもついていけそうだと，Na先生・Ta先生から説明を受けた時には，有り難いとは思いながらも，とてもついていけないし，迷惑をかけると親は思いました。

　当時の私は心理劇の知識もありませんでしたので，30年ぐらいたった今頃になって，Na先生・Ta先生が決断して心理劇に参加させて下さったことに感謝しています。

中学校では，他の生徒と一緒に注意されることが多かったので，親達で相談して適当にやっていましたし，松村先生やTa先生に相談してうまくやっていました。進学させたいのに，養護学校高等部がM市になかったので，どこに入れるか多少面倒でしたが，一緒に行こうと言ってくれた同級生もいたのでI市にしました。

【市立養護学校高等部　(1977年～1980年)】
　隣町のI市立養護学校高等部に入学し，電車とバスを利用しての通学でしたが，Hは毎日楽しそうに通学できました。心理劇月例会のある日は特に機嫌がいいと，先生方から賞められていました。心理劇のことも理解のある先生方だったので，ここでの3年間は安心していろいろしてやれました。学校側も，原則として就職させますと説明があり，同級生14名のうち作業所にいったのは一名だけでした。Hは卒業式の一ヵ月前にやっと就職先が決まる状態でしたが，本人は大変明るく暮らしていました。
　心理劇では，松村先生・Ta先生の発表された「自発性の構造と役割の機能―役割交換技法」(「関係学研究第9巻1981」)を読んだら，Hの就職のために，何年も前から準備して頂いていたことがわかり，感謝しました。

【就　職　(1980年～2003年)】
❶　関係学会での発表　(1981年～
　最初は松村先生から，Hの家庭・職場での動きを知りたがっている人がたくさんいるから，そのことを書いて発表しなさいと言われたので，月例会・研修会でやってもらっていることの効果を書き，日本関係学会で発表しました。一年間でどんな心理劇をやったかは私の能力では文にするのが苦手なのに，どういう心理劇をやったかもう少し知りたいと注文されて困ることがよくあります。しかし，一年に一度考える時期があるのも子どものためだけでなく自分にもいいことだと反省しながら書くことにしています。関係学会の理論からはみ出さないように，松村先生にみてもらっていましたが，すこし馴れてきてからはTa先生になりました。

松村先生は「私がいなくなっても，この会は続くと思うし，H君のことは，みんなが守ってくれるから，頑張りなさい」と何時も話して下さっていたので，遠慮せずに親子でお世話になり続けています。

❷　日々のこと
　　　　左肘に腫瘍があり，初めて手術のために入院（1996年10月17日〜22日）
①　一番の心配
　自分の意志で話すことがあまりできないので，手術をして下さるお医者さんがいるか，夜一人で病室におれるかが心配でした。大学病院で，手術準備の検査がいろいろありましたが，息を止める動作が下手で，データーが80％位しかとれないので，看護師さんが手術は無理ではと，お医者さんに報告されました。しかし，お医者さんの返事は，「僕の説明は時々横を向くことはあるが，全部聞いてちゃんと理解している。データーもこれだけあれば十分だ。」と了承して下さりすぐに入院手続きをしました。

②　心理劇で，人の話を聞くことが上手になっていた。
　その頃，家族の話の中で「最近，Hは人の話を聞くのが少し上手になったようだね。やってほしいことを，時々正確に伝えることがあるね。」があって，意志が通じなくて癇癪を起こすことが減って喜んではいましたが，入院して手術を受けることができるかは，心配でした。心理劇で「新しさの個別体験」の場面を作っていただき，一人で入院・手術を受けるための必要な能力を身につけはじめていたのが，後で解ったので親として反省しながら，経過を詳細に書きました。
- 76回心理劇（冬期）研修会　3日目（1994年1月9日）第8セッション「新しさの個別体験」

　総監督：松村　監督チーム：Ta・Ko・H（演者的監督）
　①　設定テーマ1　描演法
　②　設定テーマ2　個に内接・接在の促進法

　Hはテーマ設定や絵を描くのは，大変苦手なので，補助的役割をずっとやって下さったKoさんは大変だったと思いました。その上，2の場面で

第1部　楽しみながら気づき・変わる　　15

は，監督の指示に反論して，自分のやりたいことを，少数でなく全員でやりたい，時間を制限されたら休憩しないでやりたいと言い出して，監督はHの注文を巧みに生かして劇を進行させてくださったようですし，補助役のKoさんはその間ずっと側で，Hが少しでも気づく範囲を広げて下さっていました。1995年8月に「心理劇・集団心理療法・ロールプレイング　1994・1995」が発行されてこの項を読むまで，親はKoさんが，Hと深くかかわって下さったことを知りませんでした。Koさんはこの時は，ブラジルから帰られたばかりで，私は直接お話はしたことがなく，月例会でブラジルのお話を聞かせてもらっただけでした。

③　松村先生の「満点から始まる」

　Koさんは研修会の後でまたローマへ行かれ，ローマから松村先生に便りをされました。

　月例会で，この便りを松村先生がみんなに紹介されましたが，Hにも解るように話されました。誰かKoさんに返事を書いてくれないかと言われたら，Hが手を挙げて「書きます。」先生は「H君が書いてくれるとKoさんも喜んでくれる。」と言われましたが，研修会でKoさんとHが深くかかわっていることを知らない親は，Koさんに迷惑になると考え松村先生の考えに反して父親として失礼のないように，お詫びの文を書いてHの書いた手紙の中に同封しておきました。

　ローマのKoさんからH宛てに絵葉書がきました。月例会でその絵葉書に書いてあることを，劇にしてやりました。即座にローマの街の橋や塔を腰掛けを利用して造る名人のOo先生・絵葉書を棒読みするHの側で正しい読み方の補助をするはHa先生・劇の進行の監督はTa先生で，その他にも上手な演者が揃ってやっているところに，総監督の松村先生から次々と指示が出るので，その日の月例会の劇は大変動きが大きくなり，Hは満足でした。研修会から引き続いての内容が，回を重ねる度に深くなることでHのできることが多くなり，心配した病院での手術も可能になったことは嬉しいことでした。

　一つのことに何年も時間をかけて頂ける恵まれた環境の場は，理想であっ

て実現不可能と一般には言われそうですが私達父子は40年近くもこんな場面の中に入れて頂いています。

❸　ワープロの操作

Hにはとても無理だと思ったのは親で，月例会のなかでHにワープロの操作を教えて頂いた時に驚きました。教え方の上手なTa・Oo先生のお陰で現在は漢字変換で図書館で借りてきた著者の名前を間違えずに入力できます。難しい名前を上手に探しだして，家族が感心することがあります。最近は借りてきた本を読む時間も増えてきました。

■　松村先生とのお別れ

最後に先生にお会いしたのは，2003年11月1日でした。先生はHの顔を見て大変喜ばれ，私も先生が大変に元気になられたと思いました。Hは元気な先生に会って「先生，今度はいつ月例会にきますか？」と話かける状態でした。Hが病室の中を歩き回るので，私が注意したら，先生から逆に私が注意を受けました。これが先生から受けた最後の注意になってしまいました。先生が亡くなられてから，Hの不安定な状態がしばらく続き，私にも同じようなことがおこり，親子でしばらく辛い思いをしました。このことで松村正幸先生・和子先生（「S幼稚園長・副園長」）も心配してくださいましたが「いつかくることと覚悟していたし，乗り越えなければいけない試練の親子ですから，心にかけて頂いているだけで有り難いです。」とお答えしました。お陰で「S幼稚園の先生方」まで，Hの顔を見ると必ず声をかけて下さっています。心理劇月例会もずっとS幼稚園でやらせてもらっています。

先生が亡くなられてからも，先生がちゃんと体制を作って下さっているので従来通り月例会・研修会に親子で参加させて貰っています。月例会も監督はTa先生（現日本心理劇協会代表）・Oo先生で，どちらかが休まれてもHa先生がきてくださるので，安心して参加しています。難しいことがよくおこりますが，Oaさん・Niさんも何時も助けてくださり，父子で充実した心理劇が続けられています。

松村先生が将来のことまで準備しておいて下さったので、私たち父子は前から作ってもらっていた目標の実施に更に努力を重ねることにしました。

【職　場　（2004年〜現在）】

産業構造が急変し、Hの勤務した二つの会社もこの嵐に耐えかねて、新しい体勢にすぐに対応できない従業員は、リストラされてしまい、Hも二回、試練の時期に入り、リストラされてしまいました。

リストラの前に勤務の日数や時間を不規則に減らされると、生活のリズムが狂い（親の不注意もあって）、職場で倒れることが、二回も続いたことがありました。原因の第一は睡眠不足でしたが、周囲の変化に敏感に気づき、急に気難しい状態が家庭で頻発し、神経内科で治療を受けていますが、今のところは、テンカンの症状があると診断されましたが月一回の通院ですみそうです。神経内科医と話すのは親も初体験ですが、心理劇中心は変えないことが理解できたので、神経内科と併用でしばらくやることにしました。

● 今後の目標

下記の目標の原案は、親として何とかしてやりたい項目を並べ、Ta先生にお願いして整理して作りあげたもので、これに沿って努力しました。

① 職場では情況判断して、行動に結びつける。
② 生活の課題としては、仲間作りができる。
③ 日常会話を増やす工夫をする。
④ 「身の回りのこと」と「家の手伝い」がもっとできるようになる。（H自身の責任ある行動を向上させる。）
⑤ 意志表示が安心してできる体制を作り、親は離れて見守る。

5項目のなかで、できることが多いのもあるし、やっと糸口が見つかりほっとしているのもあります。老齢になった両親の援助してやれることが急激に減って行く前に、どこまでしてやるかの時期にきました。効果がでるまでに、時間がかかったことはHの能力では仕方ないことなので、これでよかったと思っています。効果がでるのに時間がかかったのは、②の仲間作りですが、最近糸口が見えてきたので、これに時間をかけています。④は職場での仕事

の向上を第一にしていたので，親が老齢になり，生活の場で一人でできる身の回りのことや，家の手伝いも急いで教えておく必要に迫られたので，最近やり始めました。以前はキャッチボールがやれるようになるのに何年もかかりましたが，この頃はHが理解できるように説明すると，習熟度のスピードがはやい項目も増えてきたので親の責任のほうが重大になってきました。

産業構造の急変への対応も大変なことですが，Hだけでなくたくさんの人が困っていることなので，私達父子も，最後は何時も「楽しみながら気づく」ように，いい目標を作って貰ってあるので，あとは精一杯の努力を続けていくことにしました。

② 心理劇との出会い

（初出：下郷康雄　1982　関係学研究　第10巻第1号）

日本心理劇協会の心理劇月例会に最初に出席したのは，私の長男Hが中2の1975年4月からです。それ以来，月2回の「月例会」さらに「冬期，夏期研修会」には殆んど休まず出席しているので，出席率だけの評価でしたら私たち親子は優等生です。私たちがどうして心理劇に参加するようになったかのいきさつをまず書いてみます。

Hは情緒障害者としては，相当に重い部類に入ると思っています。生後1年半ぐらいから両親は苦痛の連続です。参考のために，それまでに起った主なトラブルを列記してみます。（注：本書の1部①に概略が記載されているため省略）　心理劇に出席していろいろなことがありましたが，ここでは2，3の例をあげさせて頂きます。

【月例会への参加】

Hが集団活動について行けるようになったことも一つの原因のようですが，この点については，当時直接指導して下さったNa,Ta先生にお聞きすることにして，省略します。最初の2回ぐらいまでは，Hは何か劇を見に行くと思ったのか，自分が演技させられると，とまどっていたようです。参加時

間も1時間ぐらいで早引けさせて頂きました。
　自分勝手に動き廻っても，独り言ばかりしゃべっていても，うまくリードして貰えるので楽しみが出てきて「最後まで頑張ってみましょう」と言われると，喜んで残るようになりました。中学校に入学して「しつけ」をやかましく言われて，少々暗い子供になっていましたが，心理劇に出席しているうちにもとの明るい顔が見られるようになりました。

【I会館での夏期研修会に初めて参加】
　4月から月例会に出席していましたが，初めての大きな研修会に出席してびっくりしていました。最初は，月例会で顔を合わせる人たちと一緒にやれると喜んでいたら「できるだけ，今日始めての人と，5〜6人で一組になって輪を作って下さい。」という指示があった時に，予定が狂ったHは大変に不満でした。この時期は決められたグループを離れて自分勝手な行動を停止されるとすぐ機嫌が悪くなり，これに親が一番困っていました。
　松村先生の合図で，小さな輪がぐるぐる廻る動作になりましたが，Hは隣の輪にいる目的の人ばかり気にかかり，後を向いたり横を向いたりして，全く落着きがありませんでした。次の合図で，2つの輪が1つになった時にHの希望していた人と一緒になり，次の合図でまた2つの輪が一緒になり，最後に全員で一つになって歌う場面になりました。場面が変化するたびに自分の思うようになり，Hが不機嫌から本当に嬉しそうな顔に変化するのが早いので，横で眺めている親はびっくりしました。僅か30分ぐらいだったと思いますが，それ以来月例会でも始めての人と一緒にやることが上手になり，待つことも身につけたようです。最後の記念撮影では，マイクを持って「みなさん，集まって下さい」と号令をかけさせて貰い，心の底から満足していました。それ以来研修会には絶対出席するようになりました。自分でやれる動作が少ないだけに，やれることを全部やらせて貰える研修会はHにとって本当に楽しいものでした。

【心理劇に出席する前の準備】

　自分の思っていること，考えていることを相手に口で伝えることが極端に苦手なHにとっては，心理劇に出席することで，このことを解決して貰う場面を次々に作って貰えることが，本当に嬉しくなってきました。

　月例会のある週には，月曜日か火曜日になると，劇の中でやりたい自作「シナリオ」を書き始め金曜日の夜に完成させるようになりました。完成するまでは書いているところを家族に見られるのを嫌がり，完成すると見せてくれました。水曜日頃から，一日に何回も「今度の土曜日どこへ行く？」と家族に質問し「心理劇でしょ！」と答えて貰うと，声を出して笑うようになりました。月例会のある週は不機嫌になることがなく障害児を持つ親としては，手間が極端に減るので大変楽でした。

【T会館での夏期研修会で】

　迷子になって，4時間ぐらいたったら単独でT会館までたどりついた話。

　心理劇に参加するようになってもう3年ぐらいたっていました。フラフラ歩き廻る「悪いくせ」が出て，M駅（自宅のあるところ）から二重橋駅まで電車，丸の内からタクシーで会場に行く予定にしていたら，M駅で歩き廻っているうちに父親を見失ってしまいました。二重橋駅についたらHがいないのに気がついて大変驚きました。この時期には，精算所で定期を見せて乗り越し分のお金を払うことはできましたし，月例会へも1人で行ける状態でした。研修会では多人数でやれる楽しみを覚えて「Hの自作の心理劇のシナリオ」も月例会の時よりずっと時間をかけて作っていました。年に2回しか機会がないので，必死の思いで「T会館」を探しているHの心境と，年に2回しかない機会を何とか実現してやりたい父親の心境は，質こそ違え大変なものでした。

　Hは，前の晩に両親が話していた「丸の内からタクシーに乗る予定」ということと，「霞が関から歩いたら遠いな」とつぶやいた父親の言葉を，どうしても研修会に行きたいという執念から，思い出したようでした。「霞が関駅（これも下車したことがない駅なので，わざわざ日比谷で乗り換えていま

した）」まで行き，そこから丸の内まで歩き，タクシーに乗ってT会館に辿り着きました。タクシーの運転手さんとの会話も，後で機嫌のいい日にぼつぼつと母親が質問したら正確に答えたので，その時の状況がほぼわかりました。

　研修会には，閉会時刻の2時間前に到着しました。ゆっくり休ませて頂いて，最後の1時間でHの持参したシナリオを思う存分に実施して，その日の苦労をふっ飛ばして頂きました。この経験から，親も研修会に出席する時は前もって地図を見せて，コースを正確に教えておいてやる技術も身につけましたし，Hも頑張った後は，「最高の喜びがやって来る」ことを身をもって体験したのか，自分の好きなことは辛抱強くやることが多くなってきました。

3　就職準備から就労へ

（初出：下郷康雄　1983　年報「関係学」第5号）
　「情緒障害児の学校での教育は，少し工夫すれば普通学級の中で十分やって行けるのに，枠をはみ出すからと言って単純に特殊学級に入れなさいと言うのは間違っている」という，松村先生の説が教育界に定着するまでに，私の経験からみて10年ぐらいかかったように思います。H（私の長男1961年生れ）の小学校時代の前半はこのことの苦労の連続でしたが，最近は学校教育の方針が決まって私達親子のようにどうしていいかわからぬと言ったことはなくなったようです。それ以前に学校生活を送り，そしてHが就職希望を持った時期は情緒障害児の就職は難しいというのが，世の中の一般の考えで，親達は就職の話になると小さくなっていました。

　Hは障害児としては，手間のかかる重い部類に入ると思いますが，I養護学校高等部の3年間（1977年4月～1980年3月）は大変恵まれた環境で受持ちの先生方の教育方法と松村・Ta先生の指導との間で，親が矛盾を感じるということが殆んどなく，Hのために努力してやればいい状態でした。情緒障害者でも，きちんとした指導があれば，一般企業に就職しても十分や

れるという説が定着するには，これにもさらに10年以上かかるかもしれませんが，後から苦労しながらやってくるHのような人達のために少しでも役立てたいことと，私達自身の発展のためにもと考えて，Hを就職させるための準備段階から現在までの心理劇とのつながりを述べます。

1 就職準備
① 1978年秋（養護学校高等部2年生）
メッキ工場に2人の同級生と一緒に2週間現場実習に行きましたが，実習が終ってからの工場側幹部の感想は，Hのような情緒障害児に会うのが始めてで，奇抜な行動が多いのでびっくりされ，とても就職は無理ということでした。

② 1979年春（3年生）
心理劇に参加していて，Hはフラフラ歩き廻っているが場面転換にもうまく対応しているし，役をとることも上手になってきたのが父親にもわかってきたのでこれを応用してみようと考え「フラフラ歩き廻るHには，注意するより忙がしくて手を休めることができず，しかも少々難しい作業をさせる方法」を，受持ちの先生に持っていきました。賛成して下さった先生は，採用はしないが実習だけなら受入れてくれる，次のような作業をする場所を選んで下さいました。

S社の子会社の掛時計を作っている工場で，1日に約900個の掛時計がベルトコンベヤーの上を流れており，その最終組立工程の裏ぶたに4本のねじ締めをする作業でした。ベルトコンベヤーの横に坐って，時計が流れてくると右手でそれをとって自分の作業台の上に置き，右手に電気ドライバーを持ち，左手で裏ぶたを側の箱の中から取り出して時計の上において，ねじ締め作業をやりとげるというものでした。それがHにできたのは，好きな時計だったことと，最終工程だったので時計が仕上がるのがわかることもあって，大変恵まれた現場実習でした。2週間の実習が終り，職場の人たち（約30人）にきちんと挨拶し，「ベルトコンベヤー」にも2週間お世話になりましたと言って頭を下げ，お礼にお別れの歌を歌ったそうです。心理劇でやっている

ことの延長のようでしたが、おかしいと言う人や、挨拶も上手だし、ベルトコンベヤーに愛着を持つのは良いことだとも言われましたが、受持ちの先生は何とかやれると見通しを立てられたようです。

③ **1979年秋**

ゴム工場（自動車、家電用ゴムパッキン製造）2社に実習に行き、結果を見て採用して貰うつもりでしたが不採用でした。どっちも、変った行動をする珍しい子だ、始めて見たとのことでした。

最初のゴム工場ではプレス機1台をうまく操作できるようになり、2つ目の工場では同時に2台のプレス機を操作できるようになりました（普通の人が2～3台操作していました）。ここでも異常行動にびっくりされながらも、ある面では人とのかかわりが上手に出来ることもあって、わかって貰えることも増したので不採用になったとは言え大きな収穫もありました。お別れの挨拶も上手にやれることがわかり、2週間一緒だったプレス機にも歌を歌って別れる行為に笑う人もいましたが、優しい性格だし、モノを大切にする良い心掛けだと賞めてくれる人もいました。

④ **1980年2月**

現在勤務している工場（自転車のカゴや流し台の水きりカゴ製造）に就職が決まったのは卒業式の1か月前でした。実習に行っても、障害児にしては周囲の人にものおじせずしかも大変楽しそうにかゝわっていることが、採用の面で評価されていました。仕事の面では前に行った4回の実習で次第に上手にやれるようになっていたので、先生が自信を持って売り込んで下さいました。

2 職場での状況1 （1980.4～1981.3）

① **作業面**

「普通の人の1／2はやって欲しいと思っているが、1／4もできない。」と社長に言われた。又「スポット溶接工」にしてやりたいという社長の親心は失敗し、運搬や袋詰め箱詰めの手伝いに廻されましたが、大きな体をしているのに「力」がないとも言われた。心配になってTa先生に相談したら「数

種類の作業を適当な間隔をおいて，繰り返しやらせて貰う方法をとって貰うと段階を追って上達するのではないでしょうか。」と言われました。この方法をHの勤務している工場で実際の作業の中に取り入れてもらうにはどのように依頼したらいいかいろいろ考えてみました。そして心理学の理論を経営工学の実施にどうやって組みこませるか次のようにやってみました。この時期の工業界の考えは大量生産方式が総合的成果に欠けている問題を反省し，工場管理の基本を「生産性と労働の人間化」という観点においていました。例えばベルトコンベヤーを円形回転テーブルによる小グループ導入と Job Rotation 方式による多能工化を進めて効果を上げるなどです。

　Hの勤めている工場は，従業員30人足らずの小規模なものですが，社長は時代の波に遅れぬように必死でこういうことを考える人でしたので，話せばわかって下さると思いました。

2　**作業分析**

　生産の流れの中で，Hのやれそうな作業を，具体的にあげてみました。（経営工学シリーズの本をいろいろ読みましたが，作業研究編が最も参考になりました。）

① トラックから半製品をおろす作業
② それを，工場内に積む作業
③ 材料供給作業：スポット溶接機の付属作業台に半製品をおくが，半製品にも何種類もの名称がある。
④ ビニール袋広げ作業
⑤ 袋詰め作業
⑥ 箱詰め作業
⑦ 箱封じ作業
⑧ 治具の再利用のための分析作業　等

　これらの作業を，順序はどうでもいいからいろいろやらせて下さいと依頼してみたら，親切な社長は心良く「やってみましょう。」と言って下さいました。

③ 職場の人とのかかわり

明るい性格で集団の中にいるのが楽しく休まずに出勤してくるが、独りごとを言っていることが多く、奇抜な行動にびっくりして職場の人たちの半数は迷惑と思っており、半数は同情から何とかしてやりたいと思っているのが現状ですと社長から言われました。

- お盆休み（8月14日〜17日）の前日の終業後、社長以下全員で工場の近くの中華料理店で夕食会をした。この時に心理劇でやるように自発的に司会を上手にやり、みんなから少々見直されました。全員に話をさせる行動をしたのが好感を持たれたようだった。それも自分に最も親切にしてくれる人（めったに口をきかず日常変人と言われている人）に、きちんと最後の挨拶をやらせたことには驚いていました。
- 社員旅行（11月2日夜〜11月5日夜）Hを連れて行くことについて、各種の心配があるので社長も困っているということでした。Ta先生に相談したら、十分やれるのだからHに必要事項を教えて貰いそれを家庭でも教えればいい筈ですと言われました。小学校、中学校、養護学校でも修学旅行には全部連れて行って貰ったこともつけ加えて話し、何とか連れて行って貰いました。

観光バスの中（他社の人たちと一緒）で、自分が楽しそうに上手に歌って、丁寧に次の人（他社の）にマイクを渡すので「お行儀の良い子だ」と賞められ社長以下同行の人たちは心配していただけにほっとしてくれたようでした。心理劇で訓練されているので、こういう場面では大変楽しそうに上手にやるようです。

11月5日夜上野駅まで迎えに行ったら「下郷君がいてくれて楽しかったです」と幹事さんに逆にお礼を言われて、ほっとすると共にびっくりしました。

Ta先生が「Hくんと一緒に旅行していて、他の人もそのかかわりの中から成長する点もあるのだから社員旅行には当然行くべきです。」と言われた時に、先生の理論の良いことはわかりますし、学校では全部連れて行って貰いましたが（障害児で小学校から単独で参加しているのは珍

らしいことでした）社会ではそうは行かないのですと内心思いながら，旅行に行くことの中での利点の多いのもわかっていたので，親として粘ってみたのでした。

❸ 職場での状況2（1981.4～1982.3）
① 作業面
仕事はゆっくり教えればわかるようになった。力も強いので，普通の人が4個持つ時に6個も持って平気な顔をしている。こちらで黙っていると1個しか持たないが，最初に6個持てと言えば良いことがわかったと話された時はほっとしました。袋詰め作業も，小型のSの積み重ね棚6個同時にやる作業ができなかったが，手と足を使ってやることをゆっくり教えたら，1人分より速くやっていけると初めて賞められました。午前と午後で作業も変わり（例えば運搬から袋詰め）組む人も変わると単調にならず効果があったようです。

大企業でやっている多能工とまではいかないまでも，Ta先生に教えて頂いた方法が効果を出してきたので，この方法をずっととってくれるように交渉を続けることにしました。

② Hが始めて人の役に立った話
養護学校の2年後輩が，現場実習にやってきた時，実習期間中（2週間）は昼食と3時の休憩時間はちゃんと2人ならんで坐るのに，Hはそれ以外は朝夕の挨拶はしたが会話は全然なく，後輩の作業ぶりにも無関心。見廻りに来られる先生には大変嬉しそうな顔をしたそうです。

実習最終日，実習生は食堂に全員集まって貰ってお礼の挨拶をして帰宅（校）することになっていましたが，これができる子は少なく親にとっては頭の痛いことです。I養護学校でも就職の条件でもそれを重くみて相当訓練をしています（Hは心理劇で訓練されているので学校では常に賞められていました）。ここでもHは後輩のために自発的に司会をやり，社長以下全員に挨拶してもらい，自分も「激励の言葉と歌」をやったそうです。緊張していた後輩も，似たような先輩の動作に安心して，「きちんと挨拶をやり，僕も

歌います」とお礼の歌を歌ったそうです。

　後輩は「良くやる！」と言われて就職決定。

　きちんと挨拶できることが就職条件の中では大きな要素でもあるので，この日まで心配で1か月位前から夜もろくに眠れなかった後輩のお母さんは，お別れ会に出席していて涙が止まらなかったそうです。「下郷君に助けられて，息子は就職できました。」とお礼を言われました。Hが始めて人のためになることをやりました。

（注：この箇所を読まれて松村先生は，初めて人のためにというところに，「心理劇でどれほどHくんがほかの人のためになっていることか」と笑いながらこのことを注記して下さいと言われました。）

4　職場での状況3（1982.4～1983.3）
①　作業面

　仕事は良くできるようになったと初めて言われた。Hと一緒に組んで仕事をやると助かるという言葉も初めて聞かされてほっとしました。

［例］
① トラックから半製品をおろして工場内に積みあげる作業，力が強いので全然ヘバラナイ。
② スポット溶接機の作業台に，半製品を運ぶ作業は，一回にたくさん持ってきて（暇を作って遊ぶために）苦笑させられるが，製品名も正確に覚えていて指示すると，要求した物を確実に持ってくるようになった。
③ スポット溶接機の操作も時々やらせるが上手になった（前に失敗しています。）。打合せやトイレに行く場合に，代わりにHにやらせても，上手にやってくれるので大助かりとの由。

　手伝いの作業が，溶接機を扱える作業よりも一段下であるという考えが工場内には根強く残っているので，機械工の代りも出来るし運搬の仕事を嫌な顔をせずにやると，工程管理上からも大変楽なので，今では重宝な男になってきたので，仕事の面で文句を言われることは極端にへったが，今後もこの出来るだけたくさんの種類の作業をやらせて貰う方法は，理論的にもあって

②　職場の人とのかかわり

　2月28日付で退職されるMさんのことで1月中旬から「Mさんは2月28日に退職されます」とか「Mさんは今度勇退されます」と一日中，同じことをひとり言で繰り返して，職場の人を困らせていました。これが質問の言葉になって，一日中言うようになって，女の人だから退職した後で家にまでついて廻ると困る，ということにまで発展しました。心理劇でやるように，Hが想像で作った会社にMさんは移られます，と口にするようになった時期には，異常行動であると判断され，社長も困っておられました。家庭でもMさんの退職する話ばかりするので，私が会社を2月19日に訪問してMさんの話を詳細に聞き（特に送別会に関すること）Hに説明してやったら「Mさんは後何日でおやめになります」と口にするようになった。2月28日午後3時，休憩時間に全員が食堂で休んでいるところへMさんが退任の挨拶に来られたら，Hは「螢の光」を歌ってお別れの挨拶もして満足して帰宅しました。その日を最後にMさんのことは殆んど口にしなくなりました。

● むすび

　自分の興味を持っていることは正確に話すこともあるが，大部分は関係ないことを繰り返しひとり言を言っているのが日常です。心理劇では，Hが考えていても上手に話せないことを，目の前で表現して貰って最高の喜びに達している状態になり，その上一緒になって自分も演技する中で，「人とのかかわり方」を楽しみの中で身につけ，これが企業の中で一般の人達と一緒に仕事ができるHの力になったと思います。

　「伸び伸びと育てておられる」という評をよく聞かされます。今後も苦労の連続ですが，できるだけ心理劇的に楽しみの中で伸ばしてやりたいと思っています。

4　心理劇体験の効果と応用

（初出：下郷康雄　1999　関係学研究　第27巻第1号）

● はじめに

　Hが心理劇に参加することになったのは当時の両親への個別指導の担当の先生から「H君も集団の中でもやれそうだから」の説明を受けて，1975年4月・Hが中学2年になってからである。しかし，心理劇に参加した当時のHの動きは，親が見ても集団の中に居られる状態ではなかった。他のみなさんの勉強の邪魔にならぬように自発的に退会させたほうがいいと判断して退会の相談をしたら，心理劇の知識のない父親に丁寧に解説して下さって，現在までずっと続けさせて頂いている。その後，中学校では暗い性格のHが大変明るくなったが，お行儀が悪くなったから心理劇への出席を辞めさせるように注意されたこともある。養護学校高等部では心理劇月例会のある土曜日は特別に機嫌がいいので賞められていた。

　1980年，養護学校高等部を卒業するときの知的障害者の一般企業への就職は大変難しいという定説であったが，就職テストを受けて2回失敗し3回目に採用の内定を受けたのが卒業式の1か月前で，人並みにやれることは大変少ないが，ここで心理劇の効果を発揮して最初の難関を超えることができた。職場でも変わった行動にびっくりされながら，集団生活の中での動きが思ったより上手だと言われて，仕事を続けることができている。

　本稿では，1975年〜1999年までの25年の歩みを4期に分けて，心理劇体験の効果と応用について考察する。

❶　第1期（1975〜1984）　就職にいたるまで

　中学校（特殊学級）を卒業する時期には，とても就職できる状態ではないといわれ，養護学校高等部に入学させた。中学では，奇抜な動作が多く，集団行動も下手だし，常識的なお行儀も悪いと，何時も注意を受けていた。養

護学校では，なんとか就職させてやりたい方針だったので，恵まれた環境だった。中学時代一緒だった人の中には，「よく就職できたな。」と，驚いた人もおられたようだった。卒業の5年前から，心理劇では，グループ全体の展開の中で，特にHの生活課題に対応させて綿密な指導方法（心理劇）を考えて実施して下さっていたので，就職するのに大変役立った。

1 心理劇でしたこと[①]

この期では，Hの生活課題に対応させて次のような内容の心理劇が実施された。

① 2人でひとり（1つの役割）
　Hにとっての体験・効果：特定の人と役割の1対1の対応関係から1対2対応関係へ対応関係をひろげる。
　Hの生活課題：予定外の出来事に出会った時に自分なりに対応ができるようになる。

② 1人でふたり（2つの役割）
　Hにとっての体験・効果：ふるまい方を意識的に変化させる。みられている自分 ― みる自分の意識化。
　Hの生活課題：人のきまりごとを観察し，自分も同型的に行為することができるようになる。

③ 役割交換
　Hにとっての体験・効果：「交換」機能の体験的理解，相手を視線・身体で捉えて話しかける。（向かいあって話せるようになる可能性ができる。）
　Hの生活課題：予期しない相手とも話しをすることができるようになる。自分への期待を育てる。

④ ダブル
　Hにとっての体験・効果：間接的な方向性提示，集団における自己の意向の意識化，媒介的状況を人につなげる。
　Hの生活課題：自分の意向が，間接的に実現されるのを「待つ」ことがで

第1部　楽しみながら気づき・変わる　　31

　　きるようになる。
（注：「心理劇でしたこと」は先生方の発表されたものから引用させていただ
　　いて，これに基づいて効果を探して書いた。以下同）

❷　効果—「心理劇の職場での効果の具体例」[2][3]
[例1]
　スポット溶接機の操作が上手になった。この機械が職場には10台ぐらい
動いていて，自転車のカゴなどを製造していた。（1980年秋）
[例2]
　「ヒザ」を使って大きな製品を上手に袋詰めできるようになった。この仕
事も二つめの仕事であった。（1981年春）
[例3]
　仕事が忙しくなると人手不足になり，溶接機の仕事を中断して，袋詰めグ
ループへ急に応援に行かされても，自分の仕事に区切りをつけて，嫌な顔
もせず出かけ，効率よくやれるようになり，工場の責任者から賞められる
ようになった。（1981年春）
[例4]
　通勤電車の定期申込用紙のフォームの変更（1983年秋）
　入社して2年以上たっていたので，初めて一人で買いにいくことにしたが，
持参した申込書は，新しいのに変更になったから，書き替えて下さいと，
窓口の人から言われても，Hは自分の力で書き替えて提出し，ちゃんと定
期券を買ってくることができた。
[例5]
　新しい製品が入荷すると，すぐ「これは？」と尋ねるようになり，手にとっ
て教えるのがいいようだと職場の指導者から説明を受けた。仕事にも興味
を持つようになってきたし，三種類の仕事を上手にやれるので，評判もよ
くなっていた。（1982年春）
[例6]
　「待つ」ことができるようになって就職したことが，職場で永く働くこと

ができる大きな要素になっていると，職場訪問して確認できた。（1983年春）

❸ 就職しても心理劇に参加

　就職した最初の年は休まずに出勤することを優先したら，土曜日も出勤だったので月例会に参加できず研修会だけ出席して，一年間は父親が休まず参加する方式をとった。二年目から「休まずによく働いてくれる」と賞められるようになったので，現在のように月一回休暇をとって月例会に出席しているが，職場では「学校に行っている」と言われており，好評である。研修会・講習会には仕事が休みの日に参加しており，通知の葉書がくると楽しそうである。泊込みができる研修会は大好きである。

❷　第2期（1985〜1990）　転職

　Hの勤務先は技術革新に必要な設備の改善に立ち後れて仕事が激減し，赤字工場に転落してしまい半数以上の人たちが退職することになった。Hも退職することになったがパートでも勤務しながら次の職探しをするほうが，家で遊んでいるよりいいとの養護学校高等部の受け持ちの先生の助言と紹介で，現在勤務している会社に，退職から3日間休んだだけで，1985年9月24日から転職した。Hはこの職場が気に入り，現在も続けて勤務しており，1995年秋から正社員になった。

❶ 心理劇でしたこと
① 一人一人と目を見合わせて　（1987年8月9日　夏期研修会）
　　一段階　一人一人と目を見合わせて感情を通わせる。
　　二段階　AさんからHに呼び掛ける。
　　三段階　HはAさんと目が合ったら手をたたく。続いてAさんが手をたたく。
　　四段階　Aさんが手をたたいたら，続いてHも手をたたく。
　約50人の参加者と一人ずつ，四段階をやるのに長い時間がかかったが回

を重ねるごとに上手になるのが観客側から良く解り，Hが最後の一人との対応が終わったとき全員から拍手を受けHは満足した顔をしていた。この劇の場面の感想を，後からもたくさんの人から頂いた。

② 監督グループをつくる （1988年8月6日　夏期研修会（名古屋））

個人（H）も集団も育つ活動を展開していくための補助自我グループ作りで，Hが持参したシナリオを手に持って輪の中心に立たせてもらい，劇が進行していった。

「全体の中での自分の立場がはっきりする。これから自分が主動的に担っていく気持が高まる。」その上「自分を援助してくれる人を選ぶことで，自分が監督グループの一員であるという自覚が育つ」という効果がある。「名古屋通信ビル」での思い出をHは何年も親に「名古屋で研修会やったね」と話しかけてきた[④]。

2　効　果

[例1]

電話の受け方が少し上手になった。家族にかかってきたのを，間違いなく伝えられるようになり，Hにかかってきたのも，誰からかかってきたと正確に報告できるようになった。

[例2]

後楽園球場の解体の新聞記事について，説明を求めてきたが，具体的な物を示しての質問はこれが最初だったので，親は大変驚いた。しかし質問はこれきりで，次にモノを示しながら質問してくるようになるまで1998年まで10年もかかった。

[例3]

集中力が増した。人の話が理解できたときや，Hの興味のあることは，熱心に時間をかけて根気よくやれる。その時は手先も器用だと思うこともある。

親は少し消極的になってきたが，Hは二つ目の職場でやれることが少しずつ増えてきていた。家庭でも荒れる現象以外で困ることは少なくなった

が、親は今後どうしてやればいいか、不安の日々であった。

❸ 家庭で困っていたこと
① 荒れる現象がおこる。
② 自分でやりたいことを相手に伝えるのが苦手である。

この時期に親のほうは、進歩が遅いし障害者としては重い部類だから、心理劇はこのまま続けさせてもらうことにし、大きな期待はしないほうがいいと考えるようになっていたので、関係学会の発表も1987年・1990年・1991年と三回も休んでいる。

3　第3期（1991～1993）　想像と現実の世界のこと

❶ 心理劇でしたこと
① Hの手紙の内容を心理劇で取り上げてもらった。3人1組での劇で、方向性がでるように監督から指示があったが、Hは劇の流れを良く捕えるようになった。（1991年11月23日　月例会）
② 位置の変更：台の上で、「僕はこの位置にいます。」台から降りて、「僕はあの位置にいました。」監督の指示通りに動くのも、話すのもなかなか上手にできなかった。（1992年1月25日　月例会）
③ 共有・終結、いま・ここで・新しく
　Hが持参した自作の劇を取り上げて頂いた。人に依頼する場合は名札に書いてある名前を呼び、次にやって欲しい俳優名を言うように指導を受けた。Hが考えた人が見つからないと、簡単に「お休みです」と決めてしまうのを、「これだけ大勢いらっしゃるから、別の方にやって頂きましょう」とHに考える余裕を持たせて頂きながら劇は進行していった。（1992年8月　夏期研修会）

❷ 家庭で新しく困っていたこと
Hが想像して作った「ショウ」に参加して欲しい人に手紙を書いて、親に見つからぬように、切手をはって（これは正確にやれる）ポストに投函するようになって困った。汚れた葉書、封筒を職場で拾ってきてそれに熱心に書

く動作が続いた。

　想像の「ショウ」は例えば「埼玉会館」「豊島園遊園地」「浅草花屋敷」などで開催される「ショウ」で，日時や出演者の名前も書いていた。

　想像劇の中に出場させる「観光バス会社」宛にも手紙を書き，それだけではもの足らず同窓会の帰りに東京のバス会社まで行ってみたが，見つからなかったと言って，夜8時頃帰宅した｛約5時間の散歩｝「Aさんはショウに出席しますか？」を家族に話かけたり，独り言が続き相手をする家族も疲れてしまった。しかし，心理劇で指導してくださるみなさんは，Hの想像劇の手紙にも丁寧な返事までくださって親としてもただ感謝するだけでなく，何かしなくてはと考えて父親はHと一緒に浦和市へでかけ埼玉会館を探したり，母親と姉とHの三人で豊島園にも出かけた。その他にもHの希望していることの代替案を幾つか考えて実施もしてみた。

❸　効　果

[例1]　正確に伝えることが僅かではあるが出来るようになった。
　　通勤の途中の電車事故や，Hの持ち物の破損状況の説明を正確にやるようになった。簡単なことの修理はHがひとりでやっている。
[例2]　質問も僅かではあるが，増してきた。
[例3]　言葉のやりとりが少し上手になった。
　　Hの想像劇は，「自由にやらせなさい」との助言をいただいて親としては有り難いと思いながら2年ぐらいは再発を心配した。心理劇での非現実（余剰現実）の体験の積み重ねをひとつの現実の世界として位置づけながら，現実世界への橋渡しとして，意味をもつものと考えられる空想的表現，との説明の箇所を読んでやっと落ち着いた[5][6]。

　障害者は30歳過ぎる頃からボケが始まると障害者の親の会で聞いてきたことや，進歩が遅いと思い困ってしまい親が疲れた時期が長過ぎたが，冷静になって考えると僅かとはいえ確実に進歩もしているので，挫折一歩前の気持ちは捨てて，親子で一緒に動くことを続けることから改めて開始し，関係学会の発表も毎年することにした。

4　第4期（1994〜1999）　生活面での進歩

　親のほうが苦労させられた想像劇も，1995年には2種類の想像劇を作り（従来のものと両親に話かけるもの）適当に使い分けしてくるので，対応は楽になった。

　1996年9月18日のC県障害センターの判定では「話しても，書いても，2つの文のつなぎができない」という評で軽い障害ではなかった。相変わらず通勤途中や家庭内でも，問題をおこしてくれる。しかし生活面での進歩が少しはやくなり，職場でも指導者の指示は確実に受け入れて仕事が出来るようになっている。

1　心理劇でしたこと
① 言葉を育てる〜親の注文でしてもらった劇[7]

　　状況をとらえることに，Hは苦労しながら演じていたが，「普通の生活」「影」を使った劇は，親子の話しあいをする際に大変役立った。

② Hの職場

　　どういう作業をしているか，説明できるようにする。何回も月例会でとりあげて貰ったが，うまくやれないことの劇の一つである。

③ 劇の場面作り

　　数人で相談して作るのに，一緒にやるのは好きだがHの考えたこと以外は，それを発表する役になると，Hの考えたことを話すことが多い。監督から相談して作る劇を何回も取り上げて貰い，少しずつできるようになった。

④ ワープロ

　　実際にワープロを操作する劇を月例会でやってもらった。親は最初はどうなることかと見ていて心配したが，劇のなかで進行させる教えかたが上手なのでHは興味を持つようになってきた。松村先生がワープロをHにくださったので，家でも練習して現在は一人で出来るようになり，心理劇の準備用に使っている。

❷ 効　　果

[例1]

電話のかけ方が上手になった。電話番号を声を出してかけているが，これが正確にかけられる要素のようだ。（1997年春）

[例2]

説明されたことが正確に理解できた時や，興味のあることは精神を集中させて，迅速な行動で上手に片づけられる。「何時もこうなら親の苦労は減るのに」と苦笑しながらも，この時だけは障害者に見えないなと思うことが増えてきた。

[例3]

状況判断して上手に時間調整して歩くようになり，行き先がはっきりしていると父親をリードして歩くことが多くなった。後から歩いてくる父親には必ず曲がり角で振り返って，姿を確認してから歩くようになった。（1998年夏）

[例4]

具体的にモノを示して質問してくることが多くなった。さりげなく話しかけてくることも上手になった。（1999年夏）

[例5]

Hの仲間とでも卓球の練習を一時間半もやれるようになった。（今までは，上手にリードしてくれる人としかできなかった。）（1998年9月秋）

[例6]

毎週，図書館で借りてくる本の題名・著者名・出版社名をワープロに入力しているが，以前は借りた本（10冊ぐらい）は，1冊か2冊しか読まなかったが，最近になって借りた本は全部読み，興味のある箇所について話しかけてくるようになった。本の種類で話す相手を変えてくる。（1999年秋）

[例7]

駅やバスで仲間に会うと，「次の会合」のことを少しではあるが話せるようになった。（1999年秋）

● まとめ

　障害者教育で親が陥りやすいのは，教科書に準じたことを押しつけてしまうこともあるようだと，思われている。Hの仲間を見ていると，以前はっきりした言葉で話していたり，行動もしっかりしていたのに最近になって退歩が目立つ人が増えている。「してはいけない」の注意が多過ぎてかえって悪い方向に進みだしてきたような気がしてならない。世間の一般的習慣に沿って行動することは大切なことではあるが，障害者教育はそれぞれの能力に合った教育順位を選定をしてやらないと，逆方向に進むことがよくある。保護者は，時に世間と戦いながら守ってやることも必要なこともあると考えるようになった。

　Hが現在の生活に必要なことを，相談しながら進める体制を松村先生が永年にわたって作って下さっているので，親の「人並みにやらせたい希望順位」は後回しにして，心理劇に参加してできることを増やして行なうことを中心にやっている。心理劇を25年もやっていて進歩はこれだけか，と言う人もいるかもしれないが，一つのことができるようになるのに10年もかかることもあるし，またほんの僅かしかやれないことも，積み重ねると結構たくさんのことがやれるようにもなって，親も余裕をもってHに接することができる。H自身はできることが増えて生活の場は広がり，楽しいことを自力で見つけるのが上手になってきている。親の苦労は少しも減らないが，私はそれでもいいと思っている。

　家庭でも，Hが希望することは家族と相談しながら実行してやるように心掛けている。5月の連休は毎年父子で旅行にでかけているが，これも旅行計画をたてる時にHの希望第一にして，ついでに父親も楽しめるコースを選んでいる。1995年5月2日〜4日の旅行では「普通の息子」と旅をしていると思うことがあるほど手伝ってくれることが多くなってきたので，一つの区切りだと考えて記念論文に応募する気になった。

5　家庭での日常生活

（初出：下郷康雄　1994　関係学ハンドブック）

● 心理劇と家庭教育

　心理劇月例研究会に中学2年時から継続して参加しているHとの家庭生活における，心理劇の活用のし方・工夫について述べる。Hは現在30歳，毎日工場に勤務している（アルバイトとして）。言葉でのコミュニケーションが課題となっている。

　心理劇研究会への参加にあたっては，家で劇映画の準備をして，研究会では思いっきりドラマの世界を楽しんでいる。しかし，家庭での日常生活では同じようにはできないので，次のような代替案を実施している。

❶　想像劇対策

　休日に友達と一緒に遊びに出かけるということは，できないので，自分で想像劇を作って楽しむこともある。例えば「11月4日，亀有駅に集合して，読売観光バスに乗って，豊島園遊園地へ行きます。」ということから物語が始まる。登場人物は，心理劇研修会・月例会で一緒になる人が殆ど，1か月ぐらい前から手紙を書いて，父親に託するという動作が始まる。本人にまかせておくと，切手をはって自分がポストに入れに行くので，次のような対策をとっている。

① 手紙は必ず父親が受け取って，心理劇月例会へ持参して，相談の上で対処する。
② 今回の場合，11月3日夜，家族で相談し，姉が勤務先で豊島園遊園地の割引券が入手できるから，12月22日に延期して行こうと言ったら納得した。11月4日は，代わりに成田，千葉，皇居東御苑のどこへ行こうかと質問したら，「T小の体育館（卒業した学校）へ行きたい。」と提案してきた。

　12月22日までに，心理劇月例会がもう1回あるので，これで「豊

島園の劇」をやらせて頂いて，新しい発見を1つでも見つけたいと考えている。(1991.12.1)

2 旅　行

　1977年夏の心理劇研修会で，他の参加者と一緒に旅館に泊った。養護学校高等部1年（心理劇に参加して3年目）だったが，部屋に自分と父親の名前を書いた張り紙があったのが，大変気に入ったようであった。それ以降，夏の研修会が泊れる場所で開催されるのを楽しみにするようになった。就職してからは，5月の連休にも旅行するようにしている。地方都市の民放に寄って「番組表」を貰うのを楽しみにしている。旅行前には，図書館で旅行案内を借りたり，本屋で地図を買って，民放のある町を調べ，大好きなバスに乗って行くために，路線を調べるようにもしている。バスの車窓から，調べた建物が見つかると，父親に知らせるようになった。

3 音　楽　会

　10年前に「都はるみショウ」の招待券を貰って連れて行ったことがある。一緒に歌いましょうという場面があり，出場したがって親としては困った苦い思い出がある。昨年（1990.12）は「第九ブーム」だったが，同窓会の帰りに1人で1,500円の入場料を払って，終演30分前に入場していた。母親が，無料か500円以下の入場料だったら，連れて行ってあげるし，1人で行ってもいいと言ったら，「国民文化祭ちば'91」というチラシを貰ってきて，「11月23日に行きたい」「無料です」と言ったので，苦笑させられた。このチラシの中に「人形劇」があり，心理劇で一緒になった方が出演しておられることが判明した。当日は1人で人形劇を見物に行き，帰宅して「心理劇の話をしました。」と言って満足していた。

　音楽サークル主催の音楽会には，心理劇でよくやる「みんなで歌う場面」が必ず2,3回あるので，これにはできるだけ連れて行く努力をしている。

4 スポーツ

　障害を持っている身なので，せめて体だけは人並みに強くしてやりたいし，労働作業に従事した時にも，力が強いと有利なことが多いという考えから，親としてはスポーツに興味を持たせる努力をしてきた。小5の時に父親の友人達がやっている野球チームの応援に出かけてから，少しずつキャッチボールに興味を持ち始め，できるようになるのに中2までかかった。練習の時は親子2人だけでなく，一緒にやろうと言ってくれる人がいたら積極的にやるように心掛けている。中3以来，殆ど毎日夜9時になると自宅の周囲を約 1,500 m 走っているが，同じ場所，同じ時間を走っていると，親切に応援の声をかけて下さる人が数人おられる。父親が一緒に走ってやることが少なくなった現在でも，1人で走るようになった。

5 読　　書

　1977年夏，家のすぐ近所に市民図書館ができて，本を借りに行くのが楽しみになってきた。係の人が親切にして下さるので，1人で本を借りに行くことが多くなった。

　最初は，興味を持ったらそれと同じ種類の本（例えば地理の本）ばかり借りていたが，心理劇で「物語の内容」まで理解できるような訓練を続けている結果が少しずつ出て，借りる本の種類が少しずつ増してきた。3年ぐらい前から図書館で紙芝居を借りてきているが，短い文と大きい絵が理解しやすいようで，2週間で4冊借りる権利を有効に使って，楽しませて貰っている。

5　亡き息子へ

❶　ヒーちゃん，心理劇との出会いがあってよかったね

　高等部入学式の日に新入生全員に，毎日少しでもよいから書いてくるように日記帳が渡されたのが No.1 でした。担任の先生のコメントも書いてありました。

　卒業後もずっと書き続け，No.139 の 17 ページは「今日で 2011 年はおしまいです。明日からはいよいよ 2012 年がはじまります。おわり」と書かれ，下敷きをはさんだままになっています。鉛筆と消しゴムがぎっしり入った黒のペンケースも机の一番上の引き出しにそのままになっています。138 冊の日記帳はダンボール箱にぎっしり入れてあります。夜寝る時，自分だけの好きなテレビを見る時，硬貨を揃える時ぐらいしか使っていなかった部屋ですが，今でも家族は「ヒーちゃんの部屋」と呼んでいます。

　ずっと以前から，姉は H のことを「ヒーちゃん」とか「ヒー」と呼び，私もつられてこの呼び方をすることが多くなりました。彼自身も別に嫌な顔もせず「はあい」とか「はーい」と返事をしていました。

　松村先生と研修会に参加された先生方との写真を集めた額縁，どりーむ（作業所）からも同じ大きさの額縁が届きました。クッキーを作っているところ，みんなで作った昼食を食べているところ，日帰り旅行のスナップ写真，マイクを持っているもの，等々の写真です。この両方を H の大好きだったテレビの側，そして家族みんながいる所がよいということで，我が家の居間兼食堂に並べてあります。もう，糖尿病から解放されているはずだと，いただき物や買い求めたお菓子など積んであります。年末に，「お正月には餃子を作って欲しい」と姉に頼んで楽しみにしていたのに，間に合わず心残りだと話しております。それからは，H の好きだったものは必ず 4 人分作り，お供えします。

　我が家はみんな食べることが大好きでカロリーオーバーしているのです

が，心を鬼にしてもっと食事制限すればよかったとHに申し訳なく思っています。でも，時々夢の中に現れるHは少しスマートになっています。

今いる所にも月例会や研修会があるのかしら？広告の裏紙を使った支度（準備のこと）を手伝ってあげられなくてごめんネとつぶやいている私です。

(2013年記　下郷洋子)

❷　病気への対処

長男Hが亡くなる寸前まで，心理劇のお世話になりながら二つの病気を治す努力をどのようにしたかを書いてみます。Hの将来の暮す場所を見つけるのも，まず病気を治すのが先決なので，通院しながら医師の診察・検査・薬などをベースに，家庭でも家族が協力してHが楽しく持病を治してやれるようにしてみました。

❶　てんかん

2005年に職場で発作をおこして，神経内科の診察を受けたら「てんかん」だと言われた。

■　家庭での対策

薬を飲むだけでなく，家庭でも急に不機嫌になる現象の予防対策を考えることにした。

心理劇月例会をK大学でやるようになってから（2007年4月），心理劇でしたことを，父親が家族に報告することにした。一番喜んだのはHで，にこにこしながら家族と一緒の話しあいの場所に参加するのが少しずつ上手になっていた。月例会でも不機嫌対策を問題提起させて頂いて，次の話し合いをHの好きな旅行を中心にしたら効果が出るのが早かった。Hの好きな話題を次々と選んだので，順調に進んだと思っている。

二つ目の原因は，通勤の途中で会う人から「変な男がいる」と言われたりすることがあると，作業所に着いて暴れることがあった。連絡帳を作り詳細に作業所と家庭で連絡を取りあって，安定させることに成功した。

三つ目の原因は，理解できないことを早めに回答しないと，不安定な状態になることが解ってきたので，これも急いで解決してやった。例えば父親にかかってきた電話の内容が解らないと「今何のお話をしていたの？」と聞いてくるようになったので，ちゃんと説明してやると真面目な顔で聞いているので，相手をしてやるのが大変楽になった。
不機嫌になる三つの原因がいつの間にか解決した時期に検査したら，神経内科の医師も検査結果を見ながら，薬の量を減らしましょうと言ってくれた。

❷　糖尿病

　太っているので，健康診断で注意しなさいとの知らせがあったので，神経内科医院にも新しく糖尿病専門の医師がこられたので診察の依頼をしたら神経内科の医師が「私が診察します」と言ってくれたので「テンカンと糖尿病」を，一人の医師に診察して貰うことになった。家庭での「運動」は続けたので，体脂肪の数値が下がり，薬の効果よりこちらのほうが検査結果がよくなり，医師から「今のやり方で，糖尿病もすぐによくなります」と褒められた。(2011年12月28日　亡くなる4日前)
　家庭ではもう一つ，月例会でよく噛んで食べることを劇の中でして頂いていたので，それも上手になってきており，運動と連動して体脂肪が平常値になるのが早かったと思う。医師は，この二つのことにあまり興味を示してくれなかったが，糖尿病治療には大変役立ったと思っている。

❸　両親がいなくなってからのこと

　心配していた発作もおきなくなり，作業所の責任者が施設のことに詳しいので2011年1月に施設の相談と依頼をしてきた。親が心配することがない位に作業所での仕事がよくできること，礼儀正しく外部の人と接するのが大変上手なので感心していることなど，これらの長所を生かして探しましょう，と快く引き受けて下さった。心理劇でよくやっているので人との関わり上手の力を出して自力でも解決できることも多くなっていたので，親としてはほっとした。ついでに「お泊り訓練」の場所も紹介して頂いたら，一晩泊

まりでも，作業所と連携していたこともあり，心理劇で習ったことを発揮して良くできますと褒められた。

「神経内科の医師の診察方針」には従っていたが，「家庭では薬をきちんと飲むだけでいいです」との答えだけだったので，家庭では一日でも早く治したい気持ちだった。心理劇の方法で楽になったHとの会話の中から活路を見つけようとしてやり始めてから，心配した発作も起こらず，不機嫌になることも起こらなくなった。亡くなる二年ぐらい前から，正確に薬を飲んで早く病気をなおそうと努力し，そのうえで家族でのんびり話しあっていたこのやり方が，効果を上げるのに役だったと（医師は関心を示してくれなかったが）思っている。

Hの葬儀も無宗教式で，心理劇のみなさんの応援でやった。月例会・研修会で，Hが歌っていた歌が録音してあり，その一部を葬儀のときに流して頂いたし，式の最後にHの好きだった「四季の歌」を全員に歌ってもらえた。参加してくれたたくさんの人から「H君の人柄が良く判った立派な葬儀でした。」と褒められた。Hのいた作業所の仲間も全員が挨拶してくれた。特に，この挨拶はできないと作業所の職員は思っていたそうで，司会の人のお陰ですと感謝された。Hのためにたくさんして頂いたので，多少取り乱していた家族も落ち着いてきた。

父親は長い間，息子に関係ない人と話し合うことが少なかったので，人がどんな考えをしているかにもあまり興味もない生活態度で過ごしてきた。最近は人の話を聞くことを広げるように心がけて，少しずつ仲間を増やしていく方法も心理劇で教わりながら，新しい生活方法を探している。

（2013年記　下郷康雄）

【参考文献】
第1部
　春原由紀　1986　子どもをとりまく人間関係を育てる
　畠中徳子他共著　共に育つ―関係発展の児童学入門―　東京教科書出版
　78回心理劇研修会　8セッション　新しさの個別体験1995　1994・95　心理劇・集団心理療法・ロールプレイング
　土屋明美　2004　人格変容のトレーニング　現代のエスプリ　第448号　至文堂

【引用文献】
①松村康平　土屋明美　日本相談学会第16回大会発表論文集（1983年5月）「心理劇の実践的研究(1)　個と集団の関係技法」
②下郷康雄　心理劇の職場での効果の具体例　関係学研究　第12巻第1号　1984
③下郷康雄　心理劇の職場での効果と具体例　相談学研究　Vol.18　No.1　1985
④松村康平　花田久恵　心理劇　集団心理療法　ロール・プレイング　1989　ソシオサイコドラマ（p.14～17）
⑤土屋明美　第10回心理臨床学会発表論文集（1991年9月14日）「現実と想像の狭間に―状況療法としての心理劇における現実・余剰現実―」
⑥武藤安子編著　発達臨床―人間関係の領野から―　建帛社　1993
⑦小野真理子　「心理劇におけることば　1」関係学研究　第26巻第1号　1998

第2部　発達臨床から心理劇へ

1　子どもの発達臨床技法としての心理劇

　Hさんが，ご両親と共に初めてO大学児童臨床研究室の松村康平教授を訪ねられたのは1965年のことである。本稿の②は，その時期に，松村先生を主相談者として，Hさんおよびご家族，そして院生や研究室のスタッフがともに参加した月1回のセッションの経過に基づいて書かれたものである。[①]
　ここにいくつかの前置きを述べなければならない。
　我が国の1960年代の，とりわけ子どもの心理臨床の状況は，理論・技法・実践のすべてにおいて手探りであったといっても過言ではない。しかし，松村先生には，心理劇の理念と方法を基盤とする独自の子どもの心理臨床の枠組み，すなわち「関係療法」がすでに構想されていたと考えられる。例えば，文中では，相談に来談された人について「被治療者」と標記されている。これは当時心理臨床においても医学領域に倣って慣用化されていた「患者」という用語に依らないという主張にも表れている。
　「関係療法」においては，関係的に存在する子どもの，個人における性質（例えば障害別など）にまず焦点をあてて，そこから治療を展開することはしない。子どものいま・ここでの自発的なふるまい方を限りなく尊重しつつ，"関係の発展に必要な条件が関係自体に用意されることをめざし，そのためにどのような条件を整えることが必要なのかを洞察して，その発展が可能な状況の設定"[②]をしていくことが治療とよばれる状況なのである。したがって，そこにはたらく臨床技法は，例えば職人技のように賛美されて倣うというよ

りは，いわば人間科学としてその意味が解明され，そして一般化される方向を目指すということが求められなければならない。以下の論文はそのような目的で書かれたものである。

　文中にある実践経過の記述は，テープ録音ではなく観察記録に依るものである。下郷さんと松村先生にはすでに深い信頼関係が結ばれていて，セッションの過程では，院生であった私たちへの，臨床者としてのあるいは心理劇実践者としての養成のためのスーパービジョンの機能が強めに働くところがあっても，下郷さんはそれをよく理解してくださっていたと思う。何十年たっても，私など下郷さんにとっては，よくしごかれていた学生的存在なのである。

　本稿が，Hさんご一家と心理劇との長いかかわりの素地にもなったかという思いから転載させていただいた。思うままのびやかにふるまう5歳のHさんと，松村先生はじめその場にいてともに動く人達との心理劇的ともいえるかかわりあいを楽しみながら読んでいただければ幸いである。

② 発達臨床の技法と実践

　関係療法における治療活動は，治療者・被治療者・ものの関係に規定されながら発展する。治療者は，被治療者に成立した問題を治療活動のどこに位置づけ，その問題を治療活動の発展するなかで，どのように解決していくかを洞察しなければならない。治療者においては，治療関係の一方の担い手としてありながら，その関係を操作して治療活動を発展させる技術のつかえることがのぞましい。

　技法とは，治療場面における治療者・被治療者・ものの関係を操作して，その関係および治療活動を発展させていくなかで，被治療者の（治療場面で治療者にも成立している）問題の解決に導く場面の設定である。

　あるひとつの技法は，それだけをとり出して用いることはできない。技法の多くは，治療活動全体の流れのなかで他の技法との関連において，その有効性において，技法が，いくつかの連続技法からなり，段階的に，治療活動

に変化発展をもたらすものもある。
　これらの技法は，その目的により，
　①　対自己関係発展の技法
　②　対物関係発展の技法
　③　対人関係発展の技法
に分けられる。
　また，その性質から，
　①　体系的技法：変化の方向性が明確にされる
　②　機能的技法：変化の内容が明確にされる
　③　役割的技法：変化の方法が明確にされる
に分けられる。
　また，その技法は，なにに即して変化をもたらすかによって，
　①　用意される物に即しての技法
　②　用意される関係に即しての技法
　③　用意される状況に即しての技法
に分けられる。
　人間関係を操作・発展させながらすすめられる療法（関係療法）では，治療者は1人でなく，つぎのような役割をもった複数の治療者がチームになり治療関係に参加して，治療効果をたかめる。
- 監督的治療者（主治療者）：治療関係全体を見わたし，治療過程において診断をくだしながら治療をすすめる役割。
- 補助自我的治療者（副治療者）：監督的治療者を助けながら，その分身とも被治療分身ともなり治療者および被治療者を補助する役割。

　このほか，被治療者とともにいて，両者参加の活動を発展させる演者的治療者，全体の動きをみてとらえる観客的治療者などのいることもある。それらの役割は親や家族がとることもできる。
　なお，本稿では，主治療者（松村康平先生）をT_1，副治療者（大学院生，研究室スタッフ）をT_2，T_3と表記されている。また，本セッションは，心理劇の三段舞台が設置されているプレイルームで行われた。

1 対自己関係発展の技法

－用意される物の特殊性に即してすすめられる技法

　発達の相談に来所したh（5歳，男児）は，対自己関係の発展が著しいが，対物関係・対人関係における自発活動は対自己関係的に発揮される。その子は，つぎのような活動をするのである。対人関係では，たとえば治療者が手をつなごうとするとふりほどく。このことは，父母との関係でもしばしばみられる。手をふりほどきながら大声で叫んですわり込んで，人とのそのような接触は回避しようとする。対物関係では，ある特定の物とのつながりが強く，新しい物とのつながりの成立が困難である。このように，対自己関係は発展していても，対人関係・対物関係の発展がもたらされにくい子どもの場合，対自己関係に即しながら，対人関係・対物関係の発展可能性に焦点をあてた技法を展開することが，関係療法の組み立てに組みこまれる。この組み立てにおいて有効であった技法のうち，技法1～4までは，対自己関係発展の技法のうち，用意される物の特殊性に即してすすめられる技法をとりあげる。

技法 1

【定　義】
　　被治療者が，対人関係から離脱する傾向にあり，対人関係的基盤がつくられにくい状態にあるとき，治療者が被治療者の対物自発活動を容認し，それと同じ活動を治療者が併立させて治療者・被治療者の対人関係的同一状況をつくり出し，のちに治療者の自発活動をそこに交差させることにより，対人関係発展のきっかけが生まれる技法。

【特　性】
　　被治療者の対自己活動，対物活動を促進するなかで対人関係の発展をはかる技法である。この場合，用意される物は，占有可能な事物で，しかも

各々の事物相互の関連づけを可能にするものがのぞましい。つぎにあげる例では，4つの連続的技法が用いられている。

【内　容】

> **場面①**　　（hはなんとなく玩具の円筒を持ちあげる。）
> 　　　　　　（T_1も他の円筒を持ちあげる。）
> 　　　　　　（h，円筒をすぐにぽとりと落とすようにおく。）
> 　　　　T　：ここにおくか

● 事物定位容認による自己離脱転換の技法

　　事物の定位に関して，それが自分の行為の結果であることが容認されることにより，自己離脱の意味，あるいは機能の転換がもたらされるようにする技法。自己がそこからはやく離脱しようとする状況において，治療者のすでに関係しているものをその場所に位置づけることで，それを経てから被治療者の自己離脱の行なわれるようにする技法である。この場合には，置き場所を指定してそれとの関係を強化する〈特定場所規定関係強化による自己参加促進の技法を展開することもできる。

> **場面②**　　T_1：よし、これはここにおくか
> 　　　　　　　（T_1は手に持った円筒をhの置いた円筒の横に並べておく）
> 　　　　　　　（h，足もとにあった積木をその横にいそいでおく。）
> **場面③**　　T_1：よし，今度はあれだ，あれもってきてくれ。（他の円筒を指す。）
> 　　　　　　　（hはその円筒をもってくる。スッと離れる）

● 類似物併存による対人関係状況同一化促進の技法

　　共通性のある物と物との関係を強化することにより，対人関係の状況の同一化を促進する技法

　　この技法の効果により，hの物併置活動が促進されている。

技法 2

【定　義】
　被治療者に対人関係自己離脱がみられる場合，固定的連結関係，領域制限関係を用意してそれを操作することにより，対人関係発展の基盤をつくる技法。

【特　性】
　物の性質を利用し，それに規定されて対人関係的連結をめざす技法である。この場合，用意される物は，固定的連結物，領域制限物であることが望ましい。次の例では，2つの連続技法が用いられている。

【内　容】

```
場面①　　（T₂がhの手をつなごうとするとにげる。）
　　　　　（T₁は，T₂とhに籐製の輪をもたせ，自分ももつ。）
　　　　　（hはいやがってにげようとする。）
　　　　　（T₁は3者に支えられた輪を強く上下に動かす。）
場面②　T₂：いっしょね。
　　　　　（h，まもなく輪をふりほどいて離れる。）
```

● 物関係共有操作による対人関係連結の技法
　固定的連結物として籐の輪を用意して3者に固定的連結物関係を成立させて，その輪を共有・操作し，その関係を維持することにより，対人関係の基盤をつくる技法。

● 物関係領域制限による対人関係連結の技法
　籐の輪が領域制限物としての意味をもち，拡大した自己領域を物理的に制限し，他者と同一領域を占めることによって対人関係基盤の強化がもたらされる技法。その後，自己離脱があるが，この場合，対人関係離脱の方向を直接とらず，物関係離脱のかたちをとっていることで，対人関係維持，移動が可能になることがめざされている。

技法 3

【定　義】
　治療者・被治療者の対人関係が停滞していたり，被治療者が対人関係の基盤から離脱する傾向のあるとき，その関係を動かしたり，目標を設定してその方向に移動させることにより，対人関係基盤の連結強化をはかる技法。

【特　性】
　領域制限物関係から，被治療者が離脱しようとする場合などに，ある目標を設定して領域を移動させ，ともにその目標に近づくことのなかで対人関係の発展がもたらされる技法である。この場合，用意される物は，領域制限物などで，目標となるものは被治療者にとって情緒的に近いもの好ましいものが効果的である。次の例では２つの連続技法が用いられている。

【内　容】

> 場面①　（T_1，なわとびのなわをとりあげhとT_2にかぶせる。）
> 　　　　（h，いやがってぬけようとする。その動きでなわがひっぱられてT_2も一緒に動く。）
> 　　　T_2：汽車だ，シュッシュッシュ，ぐるっとまわって行こう。
> 場面②　T_1：お父さんお母さん，そっちのほうでトンネルをつくってください。
> 　　　　（F，M，立って両手をさしあげトンネルをつくる。）
> 　　　F　：ほらh，トンネルだぞ。
> 　　　T_2：シュッシュ，トンネルだ。
> 　　　　（h，T_2の輪がすすみ，トンネルをくぐる。）
> 　　　　（h，輪からぬける。）

● 領域制限物関係移動・共通体験による対人関係連結促進の技法
　hの物関係離脱の動きが物の性質によりそのまま領域制限物関係移動の動きとなり，それによって同一領域内他者との共通体験が生まれる。

● 領域制限・目標移動・共通課題解決による対人関係連結強化の技法

技法 4

【定　義】
　被治療者に，他者との対人関係発展の基盤が用意されやすくなった状態において，その関係を密接にし，さらに他者との対人関係を結合・操作することによって，対人関係体験をつぎつぎにつみかさねていく技法。

【特　性】
　治療効果により，他者と関係を結ぶことをいやがりはしないが，"ただ居る"という状態から，自己と他者との関係を意識的に認知する方向へ変化をもたらす技法である。次の例では，5つの連続技法が用いられている。これは上述の技法3の原理をより関係重層的に展開する技法であり，ある段階までの総合技法の機能を果たしている。

【内　容】

　場面①　T_1：T_2さん，hくんと手をつないでぐるっと歩いてください。
　　　　　h　：トランプ、トランプ。
　　　　　T_1：はい，歩いて。お母さんはT_2さんと手をつないで歩いてください。
　　　　　h　：トランプ，トランプ。
　　　　　T_1：さあ歩いてみようか。
　　　　　　（T_1，h手をつなぐ，2組は舞台の上下を歩きまわる。）
　場面②　T_1：お母さんたち，hくんのあとから，うしろからくるのがhくんに感じられるように歩いてください。
　　　　　T_2：ヨイショ，高いところにきたね。またのぼるか。
　　　　　　（M－T_2の組はh－T_1の組のあとから行動をことばであらわしたり，足音大きくしながらついていく。）
　場面③　T_1：今度は手を代えて歩いて。T_2さんたちが前を歩いてください。
　　　　　T_2：ヨイショ,今度は,広いところへいきましょうか。お母さん。
　場面④　T_1：そのままでお母さんとhくん，T_2さんとT_3さんと手をつないで歩いてください。

> 　　　　　　（4者はそのままゆったりと歩きまわる。）
> 場面⑤　　（T₁は毛布を使って，トンネル，橋などを設定して4者をわ
> 　　　　　たらせる。）

● 2者関係成立，関係交差による対人関係意識化の技法

　2者関係の2組による重層・4者関係体験の網の目を明確にすることによって，対人関係の意識化をはかる。

❷　対人関係発展の技法－用意される関係に即して

　hの場合は治療場面に自己（被治療者）と他者（治療者その他）がいて，自己と他者の関係が発展することのなかで，被治療者における自己の役割と他者の役割の分化がなされながら自己の成長のもたらされることがのぞましい。そこでさらに人間関係の2者関係的・3者関係的結ばれかたを体験的に可能にする諸技法が必要となる。

　以下，具体的な例に即して技法を紹介する。

技法　1

【定　義】
　被治療者において，自己の役割と他者の役割が分化されずにふるまわれている場合，働きかけ手と受け手の役割をはっきりさせたやりかたのなかで，分化のさそわれるようにする技法。

【特　性】
　補助自我的治療者が被治療者の補助自我としてうしろにつき，2人がひとりの人として他からの働きかけを受けとめる活動の進行過程で，被治療者と補助自我との役割の分化がもたらされることにより，被治療者の自己の役割があきらかにされるところに特色がある。

【内容】

場面①　T_1：T_2さんはhくんと２人でひとりです。T_2さんの左手とhくんの右手はつながっている。はなしてはいけない。ピタッとうしろにつけて。hくんが右手を使いたくて出すときはT_2さんの左手も出るように。
（T_2はhの動くのにつれていっしょに動く。h，椅子をはこぼうとして左でつかみ右手も出そうとする。T_2の右手が出てhの左手といっしょに椅子をはこぶ。h，左手をはなす。T_2も右手をはなす。椅子はおちる。）
T_2：ひろおうかな。
（hの左手がでる。同時にT_2の右手も出ていっしょに椅子をおこす。hすわろうとする。T_2もはなれず，ひとつの椅子にいっしょにすわる。）
T_1：これあげよう（トランプをさし出す）。
（hの左手は出ない。T_2は出そうかどうしようかというふうに，少しもちあげる。）
T_1：これあげましょう。
（hの左手，T_2の右手が同時に出てうける。）

● 補助自我回転による自他の役割分化・統一の技法

　補助自我は被治療者にとって内的世界をあらわす役割であり，もうひとりの自分でもある。

　補助自我は被治療者の情緒および行為面で一体となって動くことで，被治療者の自己（役割のとり方）の拡大がもたらされる。被治療者において，自己の役割と他者の役割のとり方が未分化のままであるとき，補助自我がつくことによって，はじめ被治療者の自己の役割が拡大し，他者の役割をとってふるまう可能性は縮小している。その状況で他者と出会うとき，縮小してはいるが，残されている他者の役割をとることの可能性が拡大して，自己の役割と他者の役割の分化がもたらされる。この場合，補助自我は，拡大された自己と残されている他者の役割との，被治療者における自己内統一がもたらされるように，補助自我回転の技法を用いている。

技法 2

【定　義】
　働きかけにたいして，情緒的には受けとめられる段階から，言語的に受けとめることができ，自己が他者にむかう感情をあらわすことのなかで，自己の役割と他者の役割の分化がもたらされるようにして，自発的に他者との関係を動かせるようになる技法。

【特　性】
　"うけとめて出る"活動，つまり，ほかの人と自分がいることのなかで自分が自発的にふるまえるようになることを，ねらいとする。この場合，補助自我的治療者が被治療者の両側について，他者にむかう感情をつよめる役割をとり，しだいに被治療者および2人の補助自我の役割を分化させて，ついには，被治療者がひとりで自発的に他者との関係を動かすことができるようにする技法である。

【内　容】

場面①	T_1：（母との話をうけて）幼稚園へいったの。 h　：（ひとりごとのように）ようちえんへいったの。 T_1：なんていう幼稚園かな，なまえは？ h　：なまえは？ようちえんいったの（ひとりごとのように）Mようちえん。 T_1：あ，えっ？　なんていうの？ h　：（はっきりと）Mようちえん。
場面②	（T_1，h手をつないで3段舞台の下に立つ。舞台の上にT_2が立つ。） T_2：Mようちえんのhくーん。 T_1：はーい（といいながらhの手をひっぱって舞台の上のT_2の所までかけあがる）。 T_2：（hを両手でうけとめて）Mようちえんのhくんがきた。はいよくきたね。 （以上をくり返す。）

場面③　T₁：今度は，はいっといってから。
　　　　T₂：Ｍようちえんのｈくーん。
　　　　T₁：はい。
　　　　ｈ　：はい（T₁，ｈ，T₃かけあがる。）
　　　　T₂：Ｍようちえんのｈくーん。
　　　　　（T₁だまっている。）
　　　　ｈ　：ウフフフフ
　　　　T₁：はいっていわなきゃ。
　　　　ｈ　：ウフフフフ（しばらくして）はい。
　　　　　（T₁，ｈ，T₃いそいでかけあがる。ｈはひっぱられながら
　　　　　　も楽しそうに，しだいに自分からもいそいでかけあがる。）
　　　　　（T₂のいうことをくり返した時はかけあがらず「はい」といっ
　　　　　　た時のみかけあがることをくり返す。）
　　　　T₂：いいですか，Ｍようちえんのｈくーん。
　　　　ｈ　：Ｍようちえんのｈくん，はい，いいですか。
　　　　T₂：まだですよ。Ｍようちえんのｈくーん。
　　　　ｈ　：はーい（3人かけあがる）。
　　　　　（大きな声で返事ができるようになる。）
場面④　T₁：今度はゆっくりやってください。
　　　　T₂：じゃあね，今度はおなまえをよびますからゆっくりきて
　　　　　　ください。
　　　　　　Ｍようちえんのｈくーん。
　　　　　（ゆっくり，はっきりいう。）
　　　　ｈ　：（ゆっくり小さい声で）はーい。
　　　　　（3人はゆっくりあがる。）
　　　　　（はやくしたりゆっくりしたりして，くり返す。）

● 2者媒介・1者誘導の技法

　行為しながら自分の役割をあきらかにし，ことばをつけてふるまえるようになることで，
　　相手にむかう感情の高揚が体験されていく技法。

● 3者共動・2者媒介・1者誘導の技法

　補助自我がひとりの場合は，子どもとの2人の役割のとり方や力関係が一定の傾斜をなして，子どもがとり残されることがある。そして子どもの自分の中だけでのくり返しがおこりやすくなってくる。3人が組になって動くと，その動きにひっぱられること，3人が同時に動くことから，むこうへむかう感情の力が増す。

　はじめは3人が同時に動く同じ役割をとっていたが，そのうちT_1はことばで受けとめてすすむ補助自我となり，T_3は動きを促進する補助自我となるというように，役割の分化がおこなわれ，個として位置づけられて，しだいにh自身も分化した役割をとることが可能になって，相手に向かう感情の高揚と接近する行為ができるようになる。

技法 3

【定　義】
　被治療者にとり，自己の役割および他者の役割が2方向において定立され，そのおのおのからの被治療者への焦点化がおこなわれるようにして，被治療者における自己内分化をさそい，自己の役割がことばと対応してとれるようにする技法。

【特　性】
　被治療者とふたりでひとりになって動く補助自我的治療者は，被治療者における自己の役割を明確にし，他の補助自我的治療者は，他者の役割が明確になるように働きかける。

【内　容】

　場面①　T_2：（バルコニーの上から）バスが出ますよ。のりますか。
　　　　　T_3：のりたいな。
　　　　　h　：のりたいな。
　　　　　（T_3，hバルコニーへはいる。hねころぶ。T_3も同様に

>   する。h 立ち上がり，おりようとする。）
> T₂：（手でおさえて）おりるんですか。
> h ：おりるんですか。
> T₃：おりたいな。
> h ：（大きな声で）おりるよー。

● 補助自我による２方向・局所焦点確立・焦点同時操作による自己（被治療者）内分化の技法

　被治療者にとって働きかけてくる焦点が，１方向ずつ２方向に存在すると，それへの反応は，それぞれのくり返しとなりやすい。１方向からの働きかけをうけてそのことばのくり返しとなりそうなとき，他方向からの働きかけを成立（焦点）化させることによって，１方向のくり返しが被治療者内で内語化して自己内分化がもたらされるようにする技法。

　hの場合，②において２方向からの働きかけのことばが内語化し，③で自己（焦点）内分化がおこなわれて，２方向のうちT₃のほうと自己の役割が拡大して，自己と働きかけ手（T₂）が分化してとらえられ，自己からの新しいことばが出てきている。

技法　4

【定　義】

　被治療者が，２方向に展開している関係の，自己内統一ができない場合，１方向の関係を一時的に切断，他方向の関係を強化することにより，自己統一のもたらされるようにする技法。

【特　性】

　監督的治療者が，被治療者に課題を与えて関係を切断，その課題を補助自我的治療者が被治療者といっしょにうけとめて，被治療者の自発性が高まるように動き，それに続く監督的治療者の出会いによって，自己統一のもたらされるようにする技法である。

【内　容】

> 場面①　T_1：T_2さんとhさんはしっかり手をつないでこの部屋をぐるっと歩いてなにか見つけてきてください。そしてなにがあったか先生に話してください。
> 　　　　（T_2は「あ，……があった」「……がみつかったわね」とhとの共通体験をはっきりことばであらわしながら歩く。）
> 　　T_1：はい，なにがみつかったかな。
> 　　h　：自動車，かぎがかかっていた。
> 　　T_1：だれといってきましたか。
> 　　h　：おかあさん。
> 　　T_2：だれといってきたの手をつないで。
> 　　h　：あのー，いってきたの。
> 　　T_1：おねえさんととか先生ととか，ひとりでかな。
> 　　h　：ひとりで。
> 　　T_1：ひとりでいったつもりかもしれない。またいってきてください。2人でいったかがわかるように。
> 　　T_1：おかえりなさい。なにがありましたか。
> 　　h　：自動車が，いすが。
> 　　T_1：だれと……。
> 　　h　：おねえさんといったの。

● 関係切断・他方向関係強化による2方向関係自己内統一の技法

　被治療者において，2方向に関係が展開する場合，1方向ずつの関係づけはできるが，2方向の展開がそれぞれ切れて自己内では統一できない場合，1方向の関係を一時的に切断，他方向の関係を強化し，その関係をになって，前の関係との結合が成立し，自己内統一のもたらされる技法。

　この場合，補助自我は，監督的治療者との関係を維持しながら，被治療者との関係は強化し，被治療者の自発性のたかまるようにする。その過程で，監督的治療者と，被治療者との関係づけの可能なように道を敷く役割を果たす。

3 対物関係発展の技法

治療活動における「対人関係発展の技法」では，「物」は，対人関係を規定したり，促進したりする役割を果たしていることをすでにのべた。

「対物関係発展の技法」というのは，被治療者における自己と物との関係が，変化・発展するよう，治療者が人および物に働きかける技法である。

"ある子どもh"に即して，"被治療者における自己と物との関係の変化・発展"をとらえると，つぎのようである。hはある特定の物とのつながりが強く新しい物とのつながりの成立が困難である。物を，客観的世界に位置づけられた「物」として，それとの関係で自己がふるまうというより，自己内における絶対的判断から特定の物とのつながりがもたれ，まわり（他の人あるいは一般的法則）との関係で物が意味をもちにくい場合が多い。

このことから，hにおける対物関係発展の方向として，自己内にいて，自己と物との分化がなされ，物を「物」としてその物に即した判断がなされ，自己内定位がもたらされるようにすることがのぞましいと考えられる。

hの場合には，数字に興味がもたれ読むことができる状況で，トランプを使用して，治療活動が展開した。ここでは，トランプを使っての一連の技法を中心にのべる。トランプは，その物の使用に固有の法則性があること，そこに参加する人々に分有可能な関係的道具であること，それを使っての遊びが，対人関係を規定する性質などから，対人・対物関係発展活動に有効な「物」である。

技法 1

【定　義】

被治療者において，物に関する自己の絶対的判断がなされ，その物との関係で自己がのびようとしている場合（自己と物とが未分化の場合），その物を拡散・焦点化したり，あるいは一時的にその物との関係を切断したりすることにより，自己と物との自己内分化をもたらす技法。

【特　性】

　治療活動における対人活動を，物の動きに即して操作・発展させることで，被治療者の対物関係発展をはかる技法である。

【内　容】

場面①　　（全員，机のまわりにすわっている。T_2はトランプを出す。hꞌトランプꞌと言って取ろうとする。

　　　　T_1：T_2さん，皆に1枚ずつ配ってください。
　　　　T_2：はいお母さん（1枚わたす）。
　　　　T_1：ありがとうと言ってもらってください。
　　　　T_2：はいT_3先生。
　　　　T_3：ありがとう。
　　　　（hは全部ほしがって，机の上に上ったり他の人の分を取ろうとする。）
　　　　T_2：はいhくん。
　　　　T_4：（hと2人1組でいて）ありがとう。
　　　　T_1：自分の分がわかるように机の上に出して置いてください。
　　　　（T_2は1枚ずつ全部配る。）
　　　　（真中にかごを置き，皆，持っているトランプを1枚，または数枚ずつ順番にかごの中に入れる。hは自分のを離すのをいやがったり，他の人のものを取ろうとする。T_4はhといて，皆と同じことを繰り返す。全部かごの中に入れてから，かごをhに近づける。）

場面②　　（T_3は模造紙に赤マジックで，ハート1～13まで，トランプと同形に書いてあるものを取り出す。）
　　　　T_3：ここにトランプがいっぱい書いてあります。（手元のトランプハート1～13を示し）この中から，ここに書いてあるのをさがしてください。
　　　　T_1：むずかしいな，わかるかな。
　　　　（h，トランプのAを取りあげる，もっていこうとする。）
　　　　T_1：はい，それはAでしょ，それは，ここにおくのかな。こ

> 　　　　　うかな。こいうふうにするのかな。（と，紙のAにかさねる。）
> 　　　h　：イヤー，イヤー（にげようとする，ねころがる。）
> 　　T₁：はい，他の人たち，おもしろそうにやってください。
> 　　T₂：これはどこかな（M，T₁と3人で大声を出してやっている。）
> 　　　　（h，おきあがる。ハート5をとる。）
> 　　T₁：あ，おもしろくなってきたぞ。あ，それはポーンだ。ポーン。そうよくできた。
> 　　　　（h，ハート6を取り，T₁の顔を見て笑いながら他の所におく。）
> 　　T₁：知っているのにおいたぞ。これはポーン。
> 　　　　（hはキャーキャー笑う。残りの全部を，やり終える。）

● 物拡散・分有，焦点化・専有による対物関係自己内分化の技法

　自己とつながりの強い物（トランプ）が拡散，そこに参加している人に分有されることで，自己がその物をおおいきれなくなり，自己所有，他者所有が明確にされる。そののち，物が一か所に焦点化され，自己内統一がもたらされる時点で自己と物とが出会うことにより，自己と物との分化がもたらされる技法である

【注】
①本稿は〈高津（武藤）安子の修士論文「臨床技法に関する研究」1966年お茶の水女子大学家政学研究科児童学専攻　指導教官：松村康平〉を再構成し，〈『綜合看護』1967年2，3，5月号，現代社〉に掲載された論文の抜粋である。
②松村康平　1969　「適応と変革」　誠信書房

③ 心理劇における人格の変容──現実と想像の狭間に

　第Ⅰ部で紹介されているように，Hさんは心理劇研究会に中学2年から継続して参加された。本稿はHさんが初めて心理劇に参加した時から16年間の心理劇体験を通しての変容について考察した未発表論文（1991年）に字句の修正を多少ほどこし再構成したものである[3]。なお，本論のAとはHさんを表す。

❶ 要　　約

　本研究の目的は，中学2年時より現在まで継続して心理劇集団に参加しているA（30歳男性）の人格の変容を明らかにし，心理劇の効果について考察することにある。

　Aにとっての心理劇とは「劇による映画の上映」であり，実践課題は，① 言葉による意志伝達・自己表現，② 想像性が創造性へ転換すること，③ 状況の理解，などである。心理劇においての変容は：① 予定の変更に関する受容性，② 役割の取り方・参加者への役割付与の方法，③ 想像の世界を現実化する経過における人間関係体験の質の変化，などである。心理劇の効果として明らかになったのは，① 想像の世界が関係状況に現実化することにより，いま・ここでの出会いにおける余剰現実が機能し，人との情緒体験が共有されること，② ミラー・ダブル技法の段階的適用により自他意識の分化，集団における自己意識・所属感覚や意志伝達が促進されること，③ 集団状況において状況的意味が付加されている身体運動の体験が重ねられることにより，言葉とアクションの関連が学習されること，などである。

2　研究目的

本研究は心理劇における人格の変容について考察し，心理劇の効果の一端を明らかにすることにある。

3　本研究の課題提供者

筆者は，当該する家族と長期にわたって（約16年間）関わる機会をもち，彼らと新しい状況を創る体験をすることにおいて，様々な喜びや困難を共有してきている。彼らは，実践研究において関係状況にいかに関わり・理解し・育てるかに関する様々な課題を投げ掛けてくる存在である。筆者（および実践研究協働者たち）は，彼らの提示する課題に関わり活動を共にし，協力者であり参加観察者としての役割を担っている。このような意味において，彼らを「課題提供者」と呼ぶ。

4　課題提供者の概要

【家族構成】
　父，母，長女，長男（A）

【生活歴】（文中「　」内は，ご両親による記録からの引用である）

「情緒障害者としては，相当重い部類に入ると思っています。生後1年半ぐらいから両親は苦痛の連続です」「教育委員会の障害児相談で医師の診断を受けたところ『珍しい子供だ，始めて見た。研究したいから通院するように』といわれた。ほかの先生からは『テレビの見すぎではないか』といわれたり」，その後も「某研究所で『軽い自閉症』といわれた」。幼稚園入園前に，両親と本人がO大学のM先生の児童臨床研究室を訪問する。この時の様子を父親は次のように語っている。「今までは相談に行くと，それまでのことを事細かに聞かれていた。話したことが役立てばいいのだが話すだけで終わってしまい，精神的に大変疲れた。」「これからどうしていこうかというこ

とを考える，こういうやり方，生き方もあるんだと考えさせられた。」その後，同研究室での面接と遊戯療法が開始される。小学校入学後は他校の特殊学級への自発的な転校をすすめられたりもしたが，学校・児童相談所・病院・研究室での話し合いが重ねられ，最終的には今までの小学校に在籍し，並行してO大学の児童臨床研究室での相談・遊戯療法が継続された。研究室の担当者が何回も学校に足を運んだり，連絡ノートを作ったりなどしてAを中心とする人間関係が細やかにめぐらされていたことが当時の記録からうかがえる。その後，公立中学校，養護学校高等部をへて「情緒障害児は一般の会社には就職が困難であるという定説を破って」ある会社に採用され，約5年半勤務した。会社は折からの景気後退で倒産寸前となり人員整理され，現在は他の会社にパートとして勤務している。筆者が担当チームに加わったのはAの中学入学時である。

5　遊戯療法から心理劇参加へ

　幼稚園（5歳）から継続している遊戯療法では，役割機能を分担する2人のセラピストとAの3人が三者関係的活動を展開しており，集団の最小単位の経験を充分に積んできていた。Aは活動の一つとしてテレビに放映される映画の題名および登場人物を書くことを好んで行なっており，それを集団で展開することはAの世界に広がりをもたらすとの予測がたてられた。そこで，集団活動における人間関係の広がりを求めて中学2年生になった時点で，本人・父親（母親）・担当者ともども心理劇公開月例研究会に参加することになる。
　（注：日本心理劇協会主催による研究会。遊戯療法でも使用している舞台
　　のあるプレイルームで月に2回開催されている。総監督：松村康平）
　心理劇導入時のAに成立する課題は，
　① 　言葉による意志伝達
　② 　想像性が創造性へ転換すること
　③ 　状況の理解

などである。

　導入に際しては，「いろいろな人としたいことを出し合ってする集まりである」と説明した。心理劇をどのようなイメージでみていたか定かではないが，「劇を観る」つもりだったらしいことが後の面接で父親様から語られた。就学中は，毎月2回月例会に参加した。就労後は月に1回休みをとり，勉強と訓練の場として研究会に参加し現在に至る。

　次に，3期に大別して，①心理劇への参加のし方，②日常生活状況について述べる。

6　活動経過

1　第Ⅰ期（第1〜131回，Ｘ年3月〜Ｘ年＋5年3月）

①　参加のし方の概要

　初めての心理劇でのミラー体験で，Ａはうつむいたまま相手をみようとはしない。しかし自分の独り言がミラーされるのに気づいて，時々話すのを止める（詳細は後述する—展開例1）ボール媒介の（まわってきたボールを隣の人に回す）ローリング体験で，Ａは右隣の人からまわってきたボールを受け取るが，左隣の人に廻さずに相手に返す。何回か繰り返して行なううちに左隣の人に回すようになる（展開例2）

　Ａは家で用意してきたシナリオに書いてある俳優名を参加者に一方的に役割付与する（例：Ｘさんを指して「◎◎（俳優の名）さんです」）。Ｘさんと俳優の◎◎さんは，どことなく雰囲気が似ていることに多くの参加者が気づく。徐々に，自分が監督的役割をとる時と他のドラマが展開する時との区別がつくようになる。大勢でバスに乗る場面や好きな人に指名する時には，笑顔がこぼれそうになる。言葉でのやりとりにより場面設定することは困難であり，Ａからの手がかりを見つけて監督が場面化しＡの参入を誘う。初めて参加した研修会では，初めて会う人と輪をつくるという指示に，自分の予定と違っていて不機嫌であったが次々に輪が大きくなっていき，希望する人と最後には一緒になることができ，嬉しそうな顔に変化していった。それ以来

初めての人とも一緒にやれるようになり，待つことも上手になった。
　次に初めての心理劇について詳述する。初めての心理劇は2段階にわたって展開した。

【展開例1】　初めての心理劇（その1）
「ミラー体験・三者関係から多者関係へ」

　初めての心理劇は少人数であり，三者関係を基盤としての遊戯療法から，多者関係が展開する心理劇への移行的体験として，意味あるものであった。次に，この時の様子を描述する。（監督：松村康平）
　Aと母親とT（筆者）が待っているプレイルームに監督が入ってくると，AはTと並んで座っていたが「トイレ」と言って反対側の出口から出ていく。監督はAがトイレから戻り入室してすぐ視野に入る所からは避けて位置を占め，Aを待つ。

① まず最初に，一人のシンプルな動きを同じようになぞって動くミラーを行なう。Aは動きの出だしをなぞることはするが，継続してはなぞらないで，うつむいたままで相手を見ようとはしない。しかし自分の独り言がミラーされるのに気づいて，時々話すのを止める。自分が動きを作る時には「きりーつ，礼！おわり。こんにちわ」と，元気良くはっきりと言う。

② 休憩でパンを食べる。

③ 二人で一組み，三人で一組みの出会い。

④ Aからの「映画つくります」というのを，監督は「8ミリ映画を見よう」というように場面設定。

⑤ 監督がAに「土曜日は何のテレビをみるの？」と尋ねると，「連想ゲーム」と応える。そこで，5人で連想ゲームを行なう。

⑥ 役割を決めて場面設定する。Aはお父さんになる。「何する？」と聞くと「新幹線に乗って横浜まで行く」「もう終わりにします，いま何時？」と言いながら，切符を買って横浜まで行き，降りて，バスに乗って家に帰る。

初めて参加したAとの関わりについて、監督は次のように述べている。
- 気持ちがはっきりしておりダブルをやりやすい
- イメージや言葉だけでやりとりしていても負けてしまう。身体を動かしたり、大きな声ではっきり言うことが必要。
- 現実の動きと自分の動きを区別して動くことをはっきりさせる、他。

【展開例2】 初めての心理劇（その2）
「ローリング技法体験／集団での心理劇」

参加者（20数人）は舞台を囲むようにして半円形に座る：Aは中央よりやや左側に（監督の指示により）父親とは離れて座る。

①ローリング技法によるウォーミングアップ—ローリング技法による意識分化。

　Aは、右隣の人からボールを受け取り、左側の人に渡すように指示されて右隣の人から回ってきたボールを受け取るが、それを再び右の人に返す。補助自我と一緒に何回か繰り返すうちに、一人で左隣の人に渡すことができるようになる。

② Aのしたいことの展開—映画：Aは舞台にあがり「ヨーロッパから来た手紙を観る！」と、大きい声で発表する。「出演者は…」と、ノートに名前を書きながら俳優の名前を列挙していく。ノートに書いたものを見ながら、参加者を指差し出演者を指名する。その人を指差しながらも、視線は次の人へとむかう。出演者がテーマに沿って即興的な劇を展開するのを体を動かしながら嬉しそうに見ている。劇の経過においては、独り言を言いながらノートを持って歩き回る。

この2回の心理劇体験は、その後のAの参加の仕方（行為の仕方と技法）の典型を表すものであった。ミラー技法、ローリング技法、映画制作などはその後も多様な方法で展開している。

③　役割行為の広がり

Aは、徐々に役割のとり方とその種類がふえていった。「自分から校長先生の役割をとって、生徒に挨拶をする」「写真の技法で、写っている自分のポーズをなおす」「監督の補助自我として小グループにストップの合図をして回

る」「危機的場面でふるまう」など。また，「列の先頭になり後の人を意識しながら歩く」「職場実習の様子を再現しながら細かい体の動かし方を集団で体験する」など意識を分化させながらの微細な身体動作にも挑戦するようになった。

②　**日常生活状況／中学から高校卒業までの時期**

　心理劇に参加する時にはいつも，シナリオ（題名や出演者，歌詞，等を20数枚に書いたもの）を持参している。「月例会のある週には，月曜日か火曜日になると，劇のなかでやりたい『シナリオ』を書き始め金曜日の夜に完成させるようになりました。完成するまでは書いているところを家族に見られるのを嫌がり，完成すると見せてくれました」「自由勝手に動き回っても，独り言ばかりしゃべっていてもうまくリードしてもらえる」「中学校に入学してしつけをやかましくいわれて，少々暗い子になっていましたが，心理劇に出席しているうちにもとの明るい顔が見られる」ようになった。選択肢をいくつか用意して質問すると応えることができ，学校での作業を手真似で表す。家で口から出ることの8割は心理劇のことである。父親とのキャッチボールで身をかがめること，位置を交換することできるようになる。切符を買う時に財布の中のどの100円にしようか迷う。

❷　第Ⅱ期（第132～194回，X＋5年4月～X年＋10年3月）

①　**参加のし方の概要**

　自分の座る座席がはっきりし，必要な時には自分から座る。参加者がAに丁寧に繰り返し質問して応答関係を成立させることができ，本人の言いたい内容が少しずつ明らかになってくる。参加者への役割付与では，俳優名を告げてから劇中の役割名を言うようになる。（例；Xさんを指して「◎◎さんは□□さんです」；例：田中さん！加山雄三さん（田中さんのこと）は，（劇の中では）松宮さんです。）本人が予定した俳優にあてはまる人が見当らない場合，当初はたいへん困っていたが，「◎◎さんは，北海道へ出張です」などと，自分なりに不在の理由をつくる。役割付与された人が役割の変更を頼むと，受け入れて変更してくれる時もでてきた。

【展開例3】「2人でひとり」

Aは特定の人と俳優との結びつきが強く，予定外の人に役割付与するのは抵抗があった。Aは自分で決めたPさんに加山さん役を付与する。もう一人のP′が「僕も加山さんをしたい」と申し出ると，Aは戸惑う。Aの補助自我にA′さんがなり，2人でひとりになる。そこで，PとP′も2人でひとりになり，加山さんの役をとる。AがPとP′をひとつの役割機能として認識し，同時にAとA′も一つの役割として認識するようになることが期待された。(p.90 参照)

【展開例4】「補助自我になる」

Aは，大勢の人に向けて話し掛けることが楽しかった。また，人の動静にも敏感であり，そのことがAの落ちつきのなさの一因ともなっていた。ある会ではAの役割をA′がとり，AはA′の補助自我としての役割をとる。A′はいつもAがするように劇を進める。少し後にいるAは，自分から言いたくなるが，A′の言うことだけが皆に聞こえるという約束で展開される（技法：聞こえない壁）。次第に，Aは集団へ向けてでなくA′に自分の意向を熱心に伝えるようになる。AはA′を通して間接的に自分の意向を参加者に伝えることができるようになる。(p.93 参照)

【展開例5】「グループ内で相談する」

5，6人のグループで，筋書きのはっきりした劇を展開するように指示されて，徐々に限られた人数を指名し，自分もグループの一員として行動するようになる。

Aは，補助自我2人と一緒に3人で相談して演者に役割付与するように求められる。一人で自分の意向を伝えようとするが「3人で相談するように」と監督から再度指示される。思いを伝えたい気持ちが強く，思い通りにいかず2人を飛びこえて参加者に役割付与したくなる時があったが，その都度「相談しよう」と働きかけられ3人で相談をする。自分の意向と人の意向を出あわせて相談して次の方向性を決定し，行為化するという体験を積む。Aは次の場面で，5人の演者グループに入った時に「相談するの？」ときいて，ごく自然に仲間の一員としてふるまっていた。

② **日常生活状況／最初の就労の時期**

　自分で決めた一定の周期による行動で生活することが好きで，急に変更されると不安そうな顔になり，荒れる現象が起る。言葉を適切に使って外で体験したことの報告がしにくい。「信号のある横断歩道を渡る際に・・『心理劇でやったね』と楽しそうに話しかけてきた。聞くことや内容について考えることが上手になってきた」行為をなぞることが上手になり仕事の範囲も少しずつ広がる。職場では，ゆっくり教えればわかるようになった。
この時期「Aが初めて人の役にたった話し」を紹介する。養護学校の2年後輩が現場実習にきたときの「実習最終日，実習生は食堂に全員集まってお礼の挨拶をして帰宅（帰校）することになっていました……ここでAは，後輩のために自発的に司会をして，社長以下全員に挨拶を求め自分も『激励の言葉と歌』をやったそうです。緊張していた後輩も，似たような先輩の動作に安心して，挨拶をしてお礼の歌を歌ったそうです。……きちんと挨拶できることが就職条件のなかでは大きな要素でもあるので，この日まで心配で夜もろくに眠れなかった後輩のお母さんはお別れ会に出席していて涙が止まらなかったそうです。『A君に助けられて息子は就職できました』とお礼を言われました。Aが初めて人のためになることをしました」

❸　第Ⅲ期（第195〜278回，　X＋10年4月〜X年＋16年3月）

① **参加のし方の概要**

　Aに記録係のように人の話していることを記録し人の配置を描くように頼むと，正確に行なう。心理劇状況に自分が決めた役割以外の役割をとっても参加する。参加の仕方が多様になり，自分が監督的になる時と演者的，観客的になる時の区別をつけられるようになる。監督チームの一人となり場面設定の相談の輪に入る。

　【展開例6】「視線を共有する」

　Aは人に指名する時には，次の人を目で探しながら目の前の人を指差していた。監督から「相手の人を見るように」と指示されると一瞬相手を見るが，総じて人と視線をあわせることは少なかった。この時期には，Aと相手の視

線が合ったと思ったら同時に手を叩くという，視線を共有する試みが段階的になされた。Aは最初，視線を瞬時にあわせることができず，また相手が少しでも気をそらすとAも集中できずに手を叩くタイミングがずれていたが，回を追うごとに一致するようになっていった。Aが真剣にこの演習を行なう姿に参加者も真剣に応えた。（「出会い」とはこのように厳しく，真剣なものであったかと，参加者たちが感動する瞬間をわかちもつ体験も生まれた。）

　　【展開例7】「目の前の人に役割付与する」
　目の前の人の実名を呼んでから俳優役を頼めるようになる（例：Xさんを指して「Xさん，◎◎さんをやってください。□□さんです」（例：山田さん，渥美清さんをやってください，お兄さんです））。用意してきた紙を見ないで，参加者の顔触れを見ながら，直接指名することも行なう。シナリオのなかに自分が知っている実在の人物や会場名を入れて紹介し「来るんですね」と呼び掛けて誘う。集団での役割訓練（例：駅長さんになって危機的状況に対応する）や筋書きどおり，型通りにふるまうことができるようになる。，役割を担いながら，危機的状況において課題を遂行することなどが可能になる。場面状況において意図することを人に伝え易くなる。

　　【展開例8】「言葉をつなげる」
［場　面］10年目の心理劇／新たな出会いへ
　この日はAが心理劇に参加するようになってから10年目の研究会である。Aが中学生の時から参加していることを知っているのは，この日，監督と筆者のみであった。次に，この日のやりとりの一部を再現する。

監督：今日の心理劇を始めます。今日はA君が来ています。用意して来ていますから皆に紹介してください。A君は今日は，自分でご挨拶してください。
　A：今日，なにやりたいですか。
　監：今日は，どうして来ましたか。
　A：10周年記念です。
　監：わかった人はいいですが，皆質問してください。ハイ，向こうに手を

あげた人がいる。
○：何の 10 周年ですか？
Ａ：心理劇の 10 周年です。
監：心理劇はもっと前からです。正確に言ってください。
Ａ：心理劇の・・。
○：はい。（手をあげる）
監：いま，Ａ君が言いかけた・・・。
Ａ：中学２年の時からです。
監：言いそうな時に手をあげたからちょっと困る。もう一回というのは難しいのですが・・・。
Ａ：心理劇の 10 周年です。今年で 10 周年を迎えます。
監：わかった人もいます。
Ａ：中学２年の時です。
□：中学２年の時に何をしたんですか。
Ａ：Ｏ大学で心理劇しました。
監：大体，□君は，わかった。ずいぶん詳しくなった。
□：誰の 10 周年ですか？
Ａ：10 周年です。Ａの（弱く言う）10 周年です。
監：Ａの，というのが聞こえましたか。Ａのというのをはっきり言ってください。
Ａ：心理劇 10 周年を迎えました。
監：誰の。
Ａ：ぼくのです。以上です。（拍手）

【展開例９】「伝達する」
　ミラー技法とローリング技法は最初からしばしば活用された。Ａは動きをなぞることが少しずつ上達し，相手の言葉もなぞるようになる。自分の調子で行為するだけでなく相手をなぞることが可能であるのは，Ａの世界（生活関係状況）を拡大するのに重要なことであった。人の言葉の意味を把握して

反復し，それを他の人に報告できることへとつながっていった。ローリングでは，具体物を廻すことから，エネルギーを廻すことへと進展していった。自分の右手を隣の人が握ったら，左手で次ぎの人に廻す。Aが身体感覚を総動員して，握られた感覚を的確に感じとり，それを維持し，次の人に伝達していく方法である。（p.103 参照）

② 日常生活状況／転職後

　会社では正確に作業内容を説明して貰えると，できることがふえていく。仕事の内容や手順が曖昧であったりすると出来なくなり，嫌がる。家庭では時々，椅子や枕を投げたり，親がしてやれないことを繰り返し言う。「この原因は，Aがやりたいと思っていることで，親が放っておいたことや，通勤途上で嫌なことが起こったときであることは，ほぼ判明している。」集中力や注視できることがふえる。（駅まで人を迎えに行って，改札口から出てくるのを素早くみつけられる）。自分の体の状態についてうまく説明することはできない。動作には緩急をつけられるようになり，ドアの閉め方が上手になる。興味が広がり，知りたいことは，家族に積極的に質問してくるようになる（言葉の意味を聞く，新聞記事をとっておいて心理劇でやる）。電話の受け方が上手になり取次ができる。静かに話し掛けてくることが少しずつある。

❼　考　　　察

❶ 余剰現実について

　Aは家で充分に時間をかけて準備をして心理劇に参加している。映画の内容，登場人物への想像を広げて書いたシナリオには，映画のテーマ，出演者，行き先，ニュース，天気予報などが書かれており，映画の筋書きが書いてあるわけではない。心理劇参加の16年間を概観するとAの想像性で満たされたシナリオは，心理劇状況において様々に変化しながら機能していることが浮かび上がってくる。

第2部　発達臨床から心理劇へ　77

　Aの想像した内容と参加者と創造する行為的現実が出会うことを，Aがどのように感じているか，その一端は，役割付与のし方や計画の変更への対処のし方などからうかがい知ることが出来る。Aが心理劇状況に持ち込む想像は，行為により育つ想像と出会い，心理劇状況を活性化する。これらの想像と現実との出会いをAがどのようにとらえているか（Aなりにまとめているか）について，ここでは「余剰現実」の観点から考察する。

　心理劇の創始者Moreno, J.L. は，役割理論，ソシオメトリーと社会科学，対人関係理論，アクションの科学などを，その生涯にわたって構築している。それぞれの理論においてはまた，様々な鍵概念が提示されている。アクションの科学の鍵概念として「いま・ここで」「カタルシス」と共に「余剰現実」があげられる（Hale, 1981）。モレノは，1966年にスペインのバルセロナで開かれた，第2回心理劇国際会議において「20世紀の精神医学」と題して講演した。その中で彼は「現実」の意味を広げることが時代の要請としてあるとし，次のような現実の3類型を提唱している（Moreno, 1975b）。

　①下位現実（Infra-Reality），②実際の現実（Life or Actual Reality），③余剰現実（Surplus Reality），である。「想像の世界は具体化されて現実となり，そして日常の現実の可能性を広げる。モレノは想像の世界が具体化するときに生まれるこの補充の現実を『余剰現実』と呼ぶ。余剰現実は参加者の想像力に働きかけて，新しい自発的な着想や心理劇的状況を創出するように促す（Leutz, 1985）」。余剰現実は，次のような場面設定において展開している。「未完の行為を完成させる場面設定において」「現実の方法では対決できそうがない事柄について演じる場合に」「現実には起こらないがありそうなことを描演する際に」などである（Goldman, et.al, 1984）。

　また「モレノは，心理劇を『真実の劇場』と呼んだ。それは，人々にとって本当に真実であることは，人々の情緒，空想の世界，そして余剰現実を内包するからである（Blatner, 1988）」。

　過去・現在・未来の連続的発展という観点から余剰現実は次のように分類できる（土屋，1991）。

　①現在状況を超える余剰現実（自己に成立する現実的状況を「いま・ここ

での」現実として定位する。
② 関係発展の通路となる余剰現実（枠づけられた「いま・ここでの現実」を基盤として想像の世界を広げる。現実と想像の間を自在に行き来する状況に成立する余剰現実。
③ 未来を先取りする余剰現実（現在状況から未来への道筋をたどる経過において，起こり得ることや自分が期待することを「いま・ここでの現実」を超える方向に位置付けて具体化する。

次に，上述の余剰現実に関する諸概念も援用し，各期のAの変容について考察する。

❷ 心理劇における変容
【第Ⅰ期】
Aは，遊戯療法の一つとして映画のプログラム作りを好んで行なっていた。そのことはAと心理劇との出会いを容易にしたと考えられる。遊戯療法では，Aが想像で書いたものを読み上げることを主として行なっていた。心理劇に参加し始めてからは，参加者に俳優名で指名することへと発展しており，「劇により映画を上映する」ことへと映画の意味が変わっていった。Aは俳優と現前の人の類似性を実に巧みに活かしており，俳優名と指名される人とが，どことはなしに雰囲気が似ていることに多くの参加者は気づいた。俳優に指名された参加者は心理劇状況においてあたかも俳優であるかのような不思議な体験をし，それらが集団で共有されて状況が始動し集団を活気づけた。グループがAの想像の世界の実現に参加し促進することで，Aにおいてそして参加者にも，楽しさが共有されている。これらの状況は「俳優に関してのAの想像と現前の人との狭間に生ずる余剰現実」といえる。余剰現実は，人間関係の広がりにおいてその機能的な意味の転換がもたらされる。

Aは日常生活では，人とのやりとりが苦手であり独り言を一方的に言うことが多かった。心理劇において俳優の役割を「指名する」行為は，人とのコミュニケーションの手がかりを飛躍的に増大させるものとなっていった。この時期のAは，自分から指名はするが，相手からの要求を受け入れてはいな

い。監督は「Aの自己の世界だけが強く展開しないように」と参加者の態度について指摘し，参加者と共に創る心理劇であることを繰り返し全員に伝えている。

　参加し始めてから1年後の研究会で，Aが自分のダブルに向かって「この人誰？」と問う瞬間に遭遇した。それまでは，Aの斜め後に位置してAに即して行為していた影のようなダブルの存在が，『他者』として意識された瞬間である。指名という間接的な行為により人と出会うことから，人としてのダブルを感じ現実的に出会うことへと変化していったのである。ダブルの存在により自己意識が確立し，A自らが「誰？」と問うことで自己と他者との境界に有意味性が成立し，結果において自他意識の分化が促進されたと言える。その後，ダブルはアシスタントとしての役割を担い，Aと共に在るダブルとして機能し，期待される役割行為が広がっていった。

【第Ⅱ期】

　この時期にはAと集団との関係にも飛躍的な変化がみられた。Aは人の動きに敏感であり人の動静に気を向けていた。集団に途中から入ってくる人，早く帰る人にはいち早く気づき声をかけていた。このように状況のどこにでも関わり，状況に自己を押し拡げていくAにおいては，限定された状況において自己を確立し行為のまとまりをつくること，現前の人との関係を意識してふるまうことが課題となった。

　展開例4のように，ダブル技法を応用し状況における2者関係を確立すること，展開例5のように小グループを形成し発動の核となるものを見いだすことなどの体験を通して，Aにおいては人への方向性の定まった関心が育ち始めている。Aだけに任せていると拡散していく想像の世界に，監督は有限性を成立させ，現実的制約（「少人数でやりましょう」などと人数を決める）を加えることによって，Aと現実の人との相互作用が活性化し，集団はその状況に固有な人間関係的意味を有するものとして機能し始めた。自己・人・物の接在共存状況において，状況の展開が時空的に限定されることにより，個に成立する世界の構造化が促進されたといえる。参加者の中に期待する人

が不在の場合に，Aは「・・さんは，北海道へ出張中です」などと「もうひとつの余剰現実」を平行させて創り納得していた。いま・ここで現実を共有している人々との出会いを深めることと同時に，Aの想像の世界がいま・ここで新たに展開することが課題となった。

例えば，Aにとっては，俳優の加山雄三役はX氏にのみ付与できるものであるが，Y氏が「加山雄三をやりたい」と申し出てくるというように，Aの人間関係における類似的把握の変更を求められる場面展開がみられた。ここで必要とされる行為のし方（技法として成立させる可能性のあるふるまい方）は，Aの類似的把握を尊重しながら，対応枠を拡げる方法である。（「俳優対X」の関係を「俳優対（XプラスY）」へと拡げる方法（技法：2人で一人）。）これができるようになってからは，次第に人からの要求を受け入れて俳優名を変更することも可能になっている。これは，自己関係的な余剰現実が人との出会いにおいて変化可能な現実へと転換可能であることを意味する。参加者への役割付与の仕方の変化に伴い，映画の内容にも変化が生じてきた。それまではAが創る劇の内容は「バスに乗ります」「青森に行きます」というように方向性のみであったが，俳優名と劇中の名前と，時には劇中の役割（例：お母さん）とを重ねあわせた役割付与になった。「松宮（誰それ）さん」という場合，劇は松宮家が登場する劇であると推察でき，ストーリーを自らで作ってはいなくとも登場人物の輪郭が浮き彫りにされるようになった。

【第Ⅲ期】

Aは，いま・ここの場にいる人の顔触れを見ながら役割付与することを始めた。参加者の実名・俳優名・劇中の名前，というように3層構造を自己において成立させて指名している。これは，現実の人と出会うことにおいてAの想像していたことが変化可能なものへと転換可能になっていることを表わす。現実の場面において，Aが自分にとっての現実と，いま・この場で創られる余剰現実を統合していると言える。Aにおいて，心理劇の場は参加者と新たな現実をつくる場として機能し始めていると捉えられる。また，長年知っている人たちには「ママさんコーラス」というようにまとめて役割付与し，

新しい人には丁寧に考えて指名するというように，関係体験の違いを役作りにも活用しており，Ａと他者との関係の在り方の特色を見ることができる。

　Ａは他者と向き合って視線を合わせることは好まず，これまでも意図的に視線をあわせる体験はしていない。Ⅲ期では，共にふるまうことにおいて視線を合わせることが学習されていった。共に行為することに必要なこととしての視線の共有である。Ａにおいては，自己－関係的出会いの形態から，他者と共通体験を成立させての出会いの成立へと，出会いの形態が展動したことを意味する。

　Ⅱ期では試みとしてなされたことが定着し，人を媒介にしての意志伝達が可能となる。Ａにとっての人（Ｐ）は自己の代弁者であると同時に，集団への間接的な関わりを成立させる媒介者としての意味をも担う人になった。この二重の意味を人に見い出すことにより，集団における自己と人との関わりに広がりがうまれ，人に関わることで，自分の意向が集団に伝わる体験をすることができた。人への関わり方に新しさが加わり，役割交換の可能な状況が成立している。

　また，Ⅲ期では役割を型どおりにとる役割取技がすすんだ。Ａにとっての役割取技とは，集団のきまりにそって流れを把握し，自己決定をして行為することを意味する。Ａは，人との関係での役割取技は困難であった。そこで，映画の内容をＡが参加して創るということに主な目標がおかれ，筋道を明確にする試みにより，今・ここの状況で何を行なうかについての理解がすすんだ。このことは職場で仕事の流れを理解し行動計画をたてることへと般化していった。シナリオには，以前会っていた人で，現在は会う可能性の少ない人たちの名前が登場し，未来に日時を設定したものが書かれるようになっている。これは，現実に近い人間関係において，余剰現実が近い未来に機能するとの予測をうむ。

　要約すると，心理劇において顕著な人格の変容は，
① 予定の変更に関する受容性のたかまり
② 役割の取り方・参加者への役割付与の実践
③ 想像の世界を現実化する過程における人－関係体験の質の変化

などにみられる。

❸ Aにとっての心理劇の効果：発展促進要因

心理劇のどのような機能が，長期にわたるAの心理劇参加を助けているのかについて考察する。

① 余剰現実の共有

Aは日常生活では，充分には意志を伝えることが困難であり，周囲の者はどのようにかかわるかに戸惑うことも多い。Aがシナリオを用意し，参加者に役割付与するのは，動機的には，いま・ここでの現実に参入する手段としてあった。しかし経過においてその映画により生み出されるものは，Aの予想をこえるものであった。想像の俳優がこの場で生きた演技をして，自分も役割を取って集団で演技していること，それはA一人の想像の世界には成立していないことである。Aは，役割付与を繰り返し行い，自分だけではもたらされない想像の世界の出現を待ち望んでいるともいえる。

Aは，劇が終わると必ず何があっても「おわりまーす！」と言いながら「完」と書かれた紙を提示している。これにより劇と現実の世界の区別を自然な形で明示している。Aにとっての心理劇は，映画の上映であり，安心して楽しめる余剰現実の世界でもあるかのようである。Aは想像の世界を現実化し，新たに創りだされる余剰現実に自己の居場所を見付け，役割行為によりそこでの現実を自発的に創りだしている。

家で準備をしている時には，自己関係的な想像の楽しさを，心理劇では人－関係が展開することにおける余剰現実の楽しさを，そして「完」と幕を引くことで，次のシナリオをつくる創造性を発動する楽しみを味わっている。楽しさのなかで危機的状況におけるふるまい方や集団のルールを体験し，日常生活において必要とされる役割の取得へと般化していった。

想像の世界が関係状況に現実化することにより，いま・ここでの出会いにおいて余剰現実が機能し，人との情緒体験を共有している。

② 意識分化による自己確立

ミラー・ダブル技法の段階的適用により，自他意識の分化，集団における

自己意識・所属感覚並びに意志伝達が促進される。自己－人関係におけるかかわりの展開については次に表示する（表1）。

③ **集団状況におけるアクションの展開**

Aは，体の微妙な動きを指示に応じて動かすことが難しく，それが仕事上の問題点にもなっていた。心理劇状況においては目的があっての動作として取り入れられた。たとえば，腰をかがめるという動作は，状況的動作として体得された。また，言葉で提示される身体動作を学び，言葉と動作のつながりが創られていった。このように状況的意味が付加されている身体運動の体験が重ねられることにより，言葉とアクションの関連が体験学習される。

④ **情緒体験の共有**

Aは新聞記事やテレビのニュースなどを参考にしてシナリオ創りをしている。人の死，なにかが終わること，閉店などには鋭敏に感じて，トピックスにおりこんだ。また，引っ越しなどで会えなくなった人，以前心理劇を共にして今は参加していない人のことなどをも，しばしば口にする。Aにとって心理劇集団は，自分の好きなことを人と共有できる楽しみの場であると同時に，悲哀の想いを包む場としても機能していると思われる。

⑤ **集団活動における自己充足の場として**

Aは人が大勢いることが好きになっている。シナリオの登場人物を自由に選び，一緒に歌を歌いバスに乗る場面を嬉しそうに待っている。集団におけるAは，一人では味わえない「大勢でいる」楽しさを存分に楽しんでいる。その楽しさにおいて，集団における分節的役割を進んでとり，それは会社での人間関係を結ぶ際に役立っている。

表1 自己−人間関係におけるかかわりの展開

〈内容〉	活動	特色	行為の仕方・技法	役割行為
I期	鏡映	人の言葉・行為・情緒表現を適確に把握し、その瞬間における自己の行為体系の一部に組み込む。人を観察しながら出会うことと同時に、見られている自分の意識化が促進される。	・対面ミラー ・円座ミラー ・自己関係的モノローグ ・エネルギー伝達	自己身体的役割 心理行為的役割 場面構成的役割
I期／II期	話し手・聞き手の役割分化	自分一方的に話をするだけではなく、人との会話が成立する。自分が話したい気持ちと、相手も話したいと思っていることを、自己において統合的にできるようにする。話すことにおいて「聞くこと」と「話すこと」が体験的に把握される。	人関係的モノローグ 時間差ミラー 共鳴的ミラー トリプル・視線の共有 ひとり2役・ふたり1役	心理行為的役割 人間関係的役割
II期	場面純化・関係認知	自己が成立する状況と人間関係的な状況が、いかされながら状況が発展する。集団的な状況取りから、二者、三者、機能的認知行為して、それと平行して、役割行為の可能性を広げる。小人数グループの一員になり関係の体験を積む。相談場面では自分が一人で決めてきた内容にその場の人の要求を取り入れて、計画の変更が可能になる。	複合ダブル 見えない壁・聞こえない壁 役割自己限定による中心グループへの参加 軌道敷設（脇道に逸れない） 集団三層構造化	人間関係的役割
II期／III期	場面限定・表明	集団のきまりや計画を把握し、自分なりの参入の仕方を見出す。場面状況における役割取りにより「いま・ここ」での状況下で要求されているふるまい方を選択的に成立させ、場面を創る。関係を結節化しながら「新しい場面展開」を行う。	場面転換活動 危機的状況活動 リバーサル 行為の結節化 共鳴的ダブル	場面構成的役割 社会地位的役割
III期	伝達・転換	自己における役割交換（関係転換）と、関係伝達を同時に成立させ、人のふるまいを、できるだけその人のものとして受け取り、そのままのかたちで次の人に送る。行為AとBの違いを表現することで、自己意識の分化を誘う。	・「自己・人・物」媒介ローリング ・伝言・伝達活動 ・自己における関係の方向転換 ・媒介領域の形成	人間関係的役割

①行為をなぞる ②言葉をなぞる ③描演活動―ふりをする ④自分の発言を人がなぞるのを聞く ⑤自分の話を人が整理して話すのを聞く ⑥質問に相手が応えるのを持つ ⑦相手の変化に即応しごとばをもつ ⑧もう一人の役割を意識してつ話す ⑨人と集まって限定されている関係状況を担う一員となる ⑩場面の変化に応じてふるまう ⑪場面のきまりに応じ自分の位置を定める ⑫集団状況における自分の位置を定める ⑬場面のまわりにそうふるまう ⑭場面の要求を捉えてふるまう ⑮決められた時に自分に表することを発表する ⑯場面の流れに節をつける ⑰領域間通路を形成する ⑱人の言葉を他の人の人に伝える ⑲人の行為を他の人に伝える ⑳物をかたちで他の人に渡す

8 新たな課題を提供

Aの行動を関係状況の動きと切り離して,たとえば『固執的』と捉えることは,Aの自発的行為の展開を狭めることにもなりうる。関係状況におけるAの行為を関係発展のプロセスに位置づけ,人との関係においていかに機能しているかを見極めることにより,Aにおいても他の参加者においても情緒体験が共有されるものとなる。

長年にわたる心理劇において,Aは様々な課題を提示しAの存在が要求することにおいて,心理劇はドラマ性・役割性・集団関係状況性,という三本の柱を軸として,その方法としての意義を鮮明にし,豊かに展開している。現実と想像の狭間に内在し・また内接して,安心して楽しむ体験は,次の現実生活への期待を育てている。Aが期待する現実生活に,いかに応えていくことができるか,それは,今後の新しい課題として提起されている。

【注】
①本論文は,日本心理臨床学会第10回大会(1991年)において発表したもの(想像と現実の狭間に――状況療法としての心理劇における現実・余剰現実――)に加筆・一部修正したものである。当日の助言者の武藤安子先生,ならびに会場の皆様に感謝いたします。筆者は,A君とほぼ同時期に心理劇を学び始め,彼の成長過程から多くを学んでいる。A君とご家族,心理劇研究会の皆様に感謝いたします。本論文をご校閲いただいた松村康平先生からは,心理劇実践・研究活動においても惜しみないご示唆をいただいている。記して感謝いたします。

(1991年記　土屋明美)

【参考文献】
Blatner, A（1988）：Foundation of Psychodrama, Springer. 178
Goldman, E., Morrison, D（1984）：Psychodrama, Kendall/Hunt Pub. Co.
Hale, A. E.（1981）：Conducting Clinical Sociometric Explorations, Royal Pub. Co. 4-12
Leutz, G. A.（1985）：Mettre sa vie en scene，野村訓子訳（1989）：人生を舞台に，関係学研究所 120-123
松村康平（1962a）：心理劇－対人関係の変革，誠信書房
松村康平（1987b）：関係学の構想と展開，関係学研究　15，19-76
松村康平（1988c）：集団精神療法の理論と技法，集団精神療法，4（2）109-115
Moreno, J. L.（1970a）：The Autobiography of J. L. Moreno, MD, Journal of Group Psychotherapy Psychodrama and Sociometry, 42（2）1989
Moreno, J. L（1975b）．：Psychotherapy and the Psychopathology of Reality, Psychodrama. 3. Beacon House, 13-19
武藤安子（1966）：児童臨床の理論と実践－関係療法における諸技法,松村康平編著，児童臨床学光生館，236-256
下郷康雄（1982）：私たち親子の心理劇との出会い　関係学研究　10，101-105
心理劇・集団心理療法・ロールプレイング（1989）：日本心理劇協会・関係学研究所
E. ショプラー／G. B. メジボフ編　中根晃／太田昌孝監訳（1987）：成年期の自閉症－個人生活の確立　岩崎学術出版社
土屋明美（1991）：心理劇における余剰現実。関係学研究第 19 巻，82-83
台利夫（1991）：集団臨床心理学の視点，誠信書房
Williams, A（1989）：The Passionate Technique, Tavistock Routledge

第3部　ともに創り・育つ心理劇の諸技法

● **はじめに**

第1部で紹介されているように，Hさんは心理劇参加を生活の一部に組み入れて36年間過ごされた。心理劇参加は楽しみであると同時に日常生活の課題の解決に多少なりとも役だっていたことがご家族による報告からも推測される。

第3部では，Hさんの参加してきた心理劇研究会における諸活動を紹介する。

■ **心理劇研究会について**

心理劇月例研究会は，松村康平（1917～2003）お茶の水女子大学教授を総監督として，同大学の児童臨床研究室で1958年（昭和33年）から開始された。当時としては目新しい集団心理療法である心理劇への関心は高く，教育や心理関係者はもとより看護・矯正関係者など多様な領域の方々が参加されていたと聞く。研究会は「いま・ここで・新しく」をモットーに誰にでも門戸を開いており，Hさんも当然のこととして暖かく迎え入れられた。なお，現在は共立女子大学を会場として開催している（代表：土屋明美）。

■ **Hさんによる映画心理劇**

Hさんは参加3回目頃から映画の題名や出演俳優の名前，歌などを書いたシナリオを持参して参加するようになった。参加者全員に俳優役を付与することが大好きであり，その方法は様々に展開した（第3部③参照）。Hさ

んによる映画のシナリオ発表は，それに要した時間の長短はあるものの毎回行われた。また，それが楽しみで研究会に参加する方もおられ，参加者にとっては自発性養成の場となり補助自我としての訓練の機会ともなった。「全員参加の心理劇」あるいは「Hさんとの心理劇」と表していたものを総称して，本書では「映画心理劇」と呼ぶ。

■　ともに創り・育つ心理劇について

　心理劇は依拠する基礎理論により多様に展開可能な行為法である。本書で展開している心理劇は「関係学」を基礎理論として，関係を育てることに重点が置かれる。映画心理劇では，Hさんの意向を汲みながら参加者と共に心理劇を創りあげる道筋が縦横無尽に開かれており，いたるところで参加者とHさんとがともに創り育つ活動が展開している。

　　例えば，次のような展開がみられる。
　視線を合わすことを好まない，あるいは不得手なHさんと次のようなやり取りが展開した。
　Hさんと一人の参加者が向き合い「Hさんとちらっとでも視線があったと感じたら，それぞれ手をパチンと叩くように」と，監督からの指示がある。Hさんが一瞬でも相手を見た（見られた）瞬間を捉えて，パチンと手を叩き，出会いを共有するという演習である。
　出会いの瞬間を感知するのは双方にとってなかなか難しい，しかし，2人がピタッと出会った瞬間に同時に手を叩くことができると監督は2人を褒め，Hさんには次の人とも同様に行うことを求めた。
　Hさんは次第にコツをつかんでいる様子が観客からも見てとれ，逆に参加者のほうがタイミングを外したりということも見られた。監督はそのたびに「Hさんを良く見て，合わせて」と促す。
　このようにして30人余りの参加者全員と視線の出会いをやり遂げ，Hさんは満面の笑みで拍手を受けて，次にはさっそく映画心理劇のシナリオを取り出していた。
　視線を合わすのは苦手，あるいは好まないかと捉えられるHさんの行動

を注意深く観ると，実は相手をちらっと見ている，という事実を活かした心理劇的演習であった。

　監督はHさんだけに関わっているのではなく，Hさんと相手との関係に関わっている。Hさんの相手になった参加者は補助自我として訓練されているともいえる。Hさんと相手がともに創り，ともに育つ関係が展開している。

　関係学においては「〜のために」と個人に焦点化して技法を展開することはなく，自己・人・物の関係が発展し参加者全員が育つように展開する。Hさんが育つ時，参加者もともに育っている。このようなダイナミックな展開に，ともに創る心理劇のだいご味を捉える事ができる。

　以下に，第3部の内容を概観する。
① **かかわり技法の典型例**
　Hさんのふるまい方の発展を主なねらいとして展開した技法の典型例を掲げる。心理劇の基本的技法であるダブルや役割交換，複合的ダブル技法を応用してHさんにおける自他分化・自己意識の確立を促している。
② **心理劇技法いろいろ**
　映画心理劇において展開した技法のうち，集団で行う心理劇に適用可能と思われる技法を7つに類型化して提示する。ここでは，技法展開の詳細な記述というよりは，Hさんとともに映画心理劇を創るのに必要とされたかかわり方から生まれた技法として読んでいただければ嬉しい。（なお，このうちのいくつかの技法については成書（参考文献）に詳細な展開が述べられているので参照されたい。）
③ **映画心理劇の展開**
　2007年4月から最後の参加となった2011年12月までの心理劇研究会におけるHさんとの映画心理劇をまとめたものである。
④ **楽しみを舞台にのせて**
　2009年4月から2011年12月までの心理劇研究会におけるHさんについてまとめたものの一部を掲げる。

1 かかわり技法の典型例

　Hさんのふるまい方の発展をねらいとして展開したかかわり技法の典型例を掲げる。（以下「Hさん」は「H」と記す。）

❶　2人でひとり ― 2人でひとつの役割を演じる。

【ねらい】
　Hの固定的対応関係認識から，柔軟性のある対応関係へと広げる。
　（課題状況：HはBにいつもお願いしている俳優の「加山さん」役を付与する。そこに「私も加山さんやりたい！」と，新たにCが登場する。しかし，HはCにいつも付与しているように「織田さん」と役割付与する。）

【手続き】
① 監督はHに「今日は，BさんもCさんも加山さんです。2人で加山雄三さんになります」と，伝える。
② CはBのダブル（B'）になり，2人でひとり（加山さん役）になる。
③ Hはいつものように俳優の宮脇さんになり，ダブル（H'）が斜め後ろに立つ。
　約束事：ダブル役は相手に直接には話しかけない。

【展　開】
① HとB（加山さん）が話す。（「宮脇さん，加山さん」とお互いに呼びかけてから話す）
② HとB'(加山さんのダブル, 最初「織田さん」と指名された人)が話す。（HはB'に「織田さん」と話しかけるが，B'は「僕は，加山さんです」と応答する。）
③ H'とBが話す。（Hは斜め後ろのダブルの位置に移る。HがBに話しかけようとすると，H'が『今は僕が話すね』と確認する）

④ H′とB′が話す。(Hは時々「加山さんだね」とB′(最初は織田さん役を付与したCさん)を指さし,にこにこしてやり取りを聞いている)
以上の4パターンを繰り返す。

(1982年3月21,22日　春期心理劇研修会　総監督：松村康平)

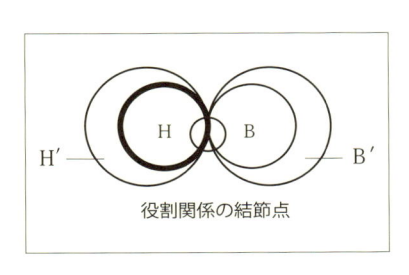

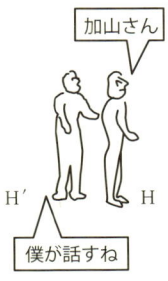

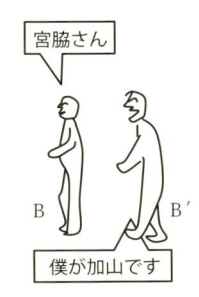

役割関係の結節点

【効　果】
　Hは参加者に付与する俳優役割が特定しており,期待している俳優役の人が参加していないと,他の人がその俳優役割を希望しても「(俳優の)渥美さんは九州に行っていません」など,不在者として位置づけ,予定外の人(この例の場合Cさん)に自分がイメージした俳優以外の役割を付与するのは困難であった。　この演習では,「加山さん」としてイメージしていなかったが,加山さん役を希望したCに(「(もう一人の)加山さん」と呼びかけ,自分のダブルが相手に働きかけているのをみる,などやり取りを重ね,HはBにもCにも「加山さん」と呼びかけて2人の加山さんと会話することが徐々にできるようになった。

【生活とのつながり】
　予定外の出来事に出会った時に,自分なりの対応ができるようになる。
- 職場で：仕事が忙しくなると人手不足になり,別のグループへ急に応援に行かされる事が多くなったが,自分の仕事に区切りをつけて,嫌な顔もせず出かけ効率よくやれるようになった。
- 家庭で：家で書いた定期券の申込用紙がかばんに残っていて「どうしたの？」と聞いたが「わかりません」ということであった。が,申

込のフォームが変更になって新しいのに書いて申し込んでいたことを，1ヶ月後に親は知った。（下郷）

❷ 役割交換への第一歩

【ねらい】
相手の役割から自分の役割に働きかけて自他分化を促す。

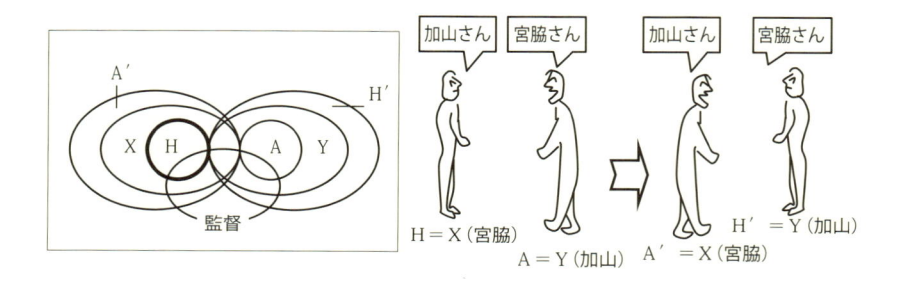

【手続き】
① それぞれの役割を決める。
　Hは X（宮脇さん）の役割，A は Y（加山さん）の役割をとり，向き合って名前を呼びあう。
② 位置を入れ替えて役割を交換し，Hは相手に「宮脇さん」と語りかける。
　H'：役割交換したH　　A'：役割交換したA
③ 元の位置と役割に戻り，Hは相手に「加山さん」と呼びかける。
④ 以上を繰り返して自分と相手の役割を区別して話しかけることができるようにする。

【効果・展開】
　Hは個人と役割の対応関係が強く，自分自身も他の役割をとることが困難であった。そこで，他者の役割から自分の役割をみて働きかける体験を先ず成立させた。Hは，はじめは役割を交換しても相手をAの俳優役のまま「加山さん」と呼びかけていた。繰り返す中で，位置の交換とともに「宮脇さん」

と，語りかけて役割を交換することができるようになった。これは，相手の役割を取る役割交換ができるようになる基礎としての演習となる。

　　　　（1982年3月21, 22日　春期心理劇研修会　総監督：松村康平）

【生活とのつながり】

予期しない相手とも話をすることができるようになる。自分への期待を育てる。

- ●職場での効果

    予期しない相手との協働作業ができるようになった。人手不足になった別のグループの応援に，半日単位ぐらいで行くことが多くなっているが，人間関係でトラブルを起こすことはめったになくなった。誰とでも組んで作業することができる。最近ではHがグループ内の「フンイキ」を変えるほどだと言われている（下郷）。

❸　聞こえない壁 ― もうひとりの自分と協力して

【ねらい】

集団において，期待される役割が取れるようになる。

【手続き】

グループの人たちとHの間には「聞こえない壁」が設定され，自分の話すことはダブル（もう一人の自分）だけに聞こえ，ダブルが自分の意向をグループに伝えることができる，とする。

[課題状況]　HはBと2人で校長先生の役を取ることになるが，HはBに「『欽ちゃんのどこまでやるの！』に出る人です」などと，自分の関心のままにBに話しかけたり，生徒役の他の人たちに「山田さんは，俳優の加山雄三さんだね」などと関心のままに話しかけて，校長先生の役割に入らない。

【展開例－導入】

[場　面]　運動会での校長先生のお話

　監督は「B君の話は生徒に聞えますが，H君の声は生徒には聞こえない

ので，B君に伝えたいことを話してください[技法1]。「B君は椅子の上に立って[技法2]，H君の話を聞いて，生徒にわかるように話して下さい[技法3]」と，2人に指示する。

[**技法1**] 聞こえない壁の設定（2人で校長先生の役割取得に集中することを促す）

[**技法2**] 段差による役割取得の明確化（現実縮図的場面の設定）

[**技法3**] 演戯性の促し（生徒を意識して校長先生らしくふるまう）

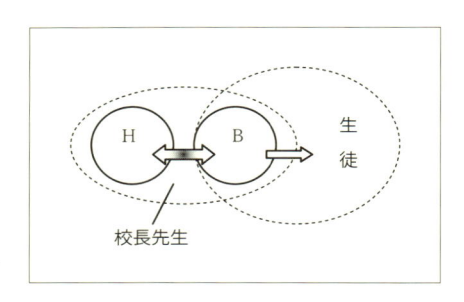

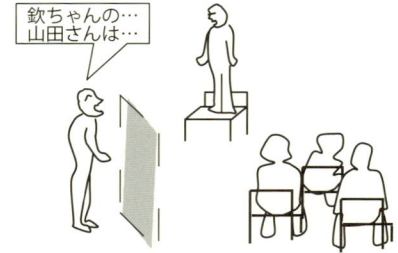

【経　過】

　Bは，Hの話したことを短く修正して「校長先生のお話」を始める。HはBの側でBが話すのをじっと聞き，BがHに「今度は何を話すの？」と言ってくれるのを待つようになった。BはHの補助自我として校長先生役をとり，Aは間接的に校長先生の役をとることができた。

【効　果】

　自分の伝えたいことが媒介者により他者に伝わるという体験の積み重ねにより，自分と媒介者と集団との三者のつながりが明確になり，安定して集団にいることができる。

　自分の声は集団に聞こえないという制限を受けることにより，Bとの二者関係に集中し，集団に拡散せずにいることができる。Hの意向が媒介者であるBから集団に伝えられることで，伝わるのを「待つ」ことが促された。自分のことを人に伝えたい思いが強いと，一方的なコミュニケーションになりがちであるが，先ず媒介者に伝えて，それが集団に伝わるというプロセス

をHが見る，というコミュニケーションの新しい流れを経験することになり，自分のしていることを外側から見る体験にも通じた。

（1984年11月24日　心理劇月例研究会　総監督：松村康平）

【生活とのつながり】

「待つ」ことができるようになったことと，「話しかける」ことが少しずつできるようになった。Hに話しかける時には，少しずつ区切って，正確に話すようにしている。（下郷）

❹　少人数で集まって

【ねらい】

少人数で集まり，場面のすすめ方を相談してから行動する。

【方　法】

大集団を5，6人の小グループに分化させ，小グループ内で相談して場面設定してすすめる。

　［課題状況］　Hは参加者全員（50人程度）に俳優役を指名したかったが，監督から6人のグループ内ですすめるように指示され，結局8人グループでやることになった。Hは希望したことを制限されて，最初は困ったような顔をしていたが2人増しで納得してグループ内で心理劇を始めた。）

【展開例】

　［場　面］　ニュース映画のなかでの交通安全について。Hが決めた「中原理恵さん」の婦人警官役のXさんから「春の交通安全週間なので，特に『新入生の横断歩道の渡り方』の説明をします。」という方向性がだされた。

（1985年1月5日　心理劇研修会，1985年3月23日　心理劇月例研究会）

【効　果】

グループ内での人とのつながりが強まり集団の凝集性が高まることで，体験が拡散せずに内容展開に集中することができる。

【生活とのつながり】
　春の交通安全の場面は数日前から準備してきたことで，それが目の前で演者が内容をふくらませてHのやりたいことが実現できて大変楽しそうな顔をして，じっと聞いていた。Hは，横断歩道の通行人の役を演じるように指示されて演者になったり，観客的立場になったりして，短い場面の中で全体の動きを理解して動けるようになった。

●家庭における対策
① テレビに交通安全のことが出てきたら，できるだけ，そのことをHを入れて家族で話しあうようにしている。
② 現在このことでHが最もよく口にする「婦人警官の中原理恵さん」の役をやって貰ったXさんについて，「XさんはT大学の学生です」というような話の展開をしている。
③ 劇の中で，HがXさんとどのようにかかわったかを質問してやるように心掛けている。

・親子で外出して信号のある横断歩道を渡る際に，大きな声で「右を見て，左を見て，気をつけて渡りましょう。」と言いながら父親をふり返って「心理劇でやったね。」と楽しそうに話しかけてきた。
・キャッチボールをしていたら，上空を宣伝用飛行機が飛んできて，機上からスピーカーで交通安全について市民にP.R.した。ボールを投げるのを中断して，じっとスピーカーから流れてくる声の内容をたしかめたHは，「交通安全だね，心理劇でやったね。」と父親に話しかけながらボールを投げてきた。（下郷）

❺ 個人と集団の媒介的役割を担う

【ねらい】
　相手から聞いたことをグループに伝える。
【手続き】
　2人でひとりになり，相手の発言を集団に伝える。さらに観客グループか

らの質問を相手に伝える。(この方法の基本は「聞こえない壁」と同じであるが,「聞こえない壁」という設定はしておらずHだけが観客とやりとりすることができるという設定で進む。ここでは,Hの役割行為をBと観客との媒介者役割の観点から記述する)

　[場　面]　Bの用意した「国鉄のチラシ,ナイスミディパス」の紹介

　　監督は「B君は少しずつ区切って読んでH君に伝えて下さい。それをH君からみんなに発表して下さい」と指示する。(繰り返し行ううちに,HもBもコツをつかんで上手になる。)

　「皆さん(観客グループ)は内容のわからない点をH君に質問して下さい。H君はそれをB君に伝え,返事を聞いたらH君が答えて下さい」と指示する。観客には「質問は間をおかないように続けてやって下さい」との指示もある。

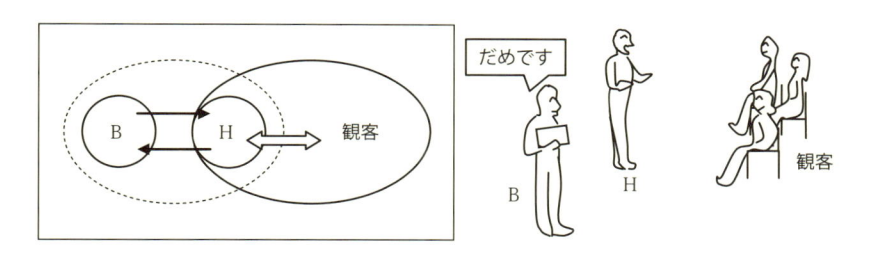

【展開例】

　観客が「その乗車券は子どもを一緒に連れて行ってもいいですか」と質問すると,即座にBは「子供は駄目です」と応える。監督は「返事はH君がして下さい」と指示を確認し,B「はい」と,この場でのルールを再確認する。観客は再度,質問のやり直しをすると,HはBの意向を汲んで「大人だけです」と応答し,観客「わかりました」というようなやり取りが進む。　監督の指示通りに役割がとれるようになったBと,Bの返答の内容をとらえて別な言葉で答えたHに対して観客から拍手があった。(Bは養護学校高等部2年在学中で,中2の9月から担任の先生と月例会に参加するようになり休まずに出席している。毎回種々のパンフレットを紹介してくれる (下郷))

【効　果】

　他者の話や質問を自分なりにまとめて捉えて，集団や個人に伝達する媒介者になり，コミュニケーションの通過点としての体験が成立する。相手の話を聞いて，他者に伝えることの繰り返しにより，聞いて・伝えることの意識分化が促される。Hに対して手心を加えて説明することのないB君とのやりとりであったが，HはB君の説明を良く聞き内容を捉えることができ発表できるようになった。

　　　　　　（1986年4月12日　心理劇月例研究会　監督：松村康平）

【親の立場からのひとこと－聞いて貰えること－】

　Hのような障がいを持った者にとっては，自分で思ったことを持ち続けて，状況に応じて変えることが困難な現象が，家庭や職場では度々ある。こういう時にHの感情・気持ちをどの方向へ持って行ってやるかを考えて実行するのが親の責任であるし，また職場では良い指導者に恵まれないと問題は大きく広がってしまうことになる。

　Hもやれることが増しているにもかかわらず，親の苦労は一向に減らないのもこれがあるからである。「3人でひとり」でHの役割をとる人や，観客にはHに対する聞き方，質問方法に関して，監督からは詳細なきびしい注文があり，演者になった人はきびしい監督の指示を，熱心に応えてHにわかり易い言葉で聞いて下さったり，Hに方向を与えながらいろいろ質問して下さる場面は，心理劇ならではのものである。

　B君やHは日常生活では制約を主体とした訓練を強いられることが多く，欲求不満になることが多いが，心理劇の場面で一気に解決するのは，劇の進行の中に聞いて貰えることがたくさん組み込まれているからである。B君の中学時代の受持ちの先生が，月例会が終了した帰りに，私に次のように話されたことがある。「心理劇に参加している学生さんや他の人達は，どうしてBに対してあんなに寛大なんでしょうか。Bが勝手な行動ばかりするので私は，はらはらしているのにBの言うことをじっと聞いてやって下さり，松村先生のきびしい注文に対して（私はとうていああいう高レベルのことはやれません）すぐに応えて，Bに対して熱心に質問して下さったり，優しい態

度で接して下さっているのを見ていると感謝の気持で胸がいっぱいです。」
　私もこれには同感で，こういう心理劇による治療法があることを，Hを所属させている「手をつなぐ親の会の青年学級」の関係者に会った時には，できるだけ説明し少しでも実施させるように努力を続けているが「聞いてやること」「質問を続けてしてやる」という松村先生の難しい注文はこれについて行く者のレベルも高水準が必要とされ，現場の指導者に定着するのにまだまだ時間がかかりそうである。障がい者の親として（みんなの代表として），松村先生の「心理劇」ができるだけ多く普及してくれることを願っている。

（下郷　1986年記）

❻　3人でひとり

【ねらい】
　情報の発信・伝達・受信を分化して担い，双方向の関係を体験する。
【手続き】
　3人でひとりになり，情報の発信者と伝達者と集団への発信者の役割を分担する。
【展開例】
　総監督はHに，今日は少し違うやり方で発表することを提案し，Hの補助自我としてH′とH″を誘い，次のように指示する。
　①　Hは今日したいことを少しずつ区切ってH′に伝える。
　②　H′はHの話を聞いて，それを少し修正した形でH″に伝える。
　③　H″はH′の話を聞いてまとめて観客に発表し，観客の質問に応じる。
　　　（Hは満足した表情でじっと見ている）
　④　H″はH′に質問する。
　⑤　H′はHに質問する。
　①〜⑤を繰り返す。
【展開例】
　①　H：映画やる，希望やるんです。山本さんも出るね。

② H′：今日は，希望という映画をやります。山本さんが出演します。
③ H″：今日は，映画・希望をやります，出演者は山本さん，他です。
④ 発表が終ったH″は，H′に「次は何？」と聞き，
⑤ H′はHに「H君，次は何を発表しますか」と聞いて，同様にしてすすむ。

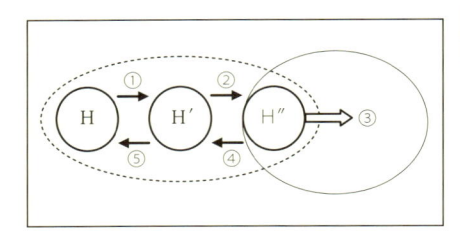

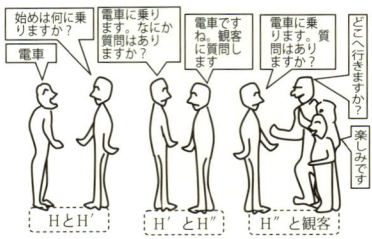

【経　過】

状況をとらえて，じっと自分の出番を待っていたHは，待っている間に考えていた項目を真剣な顔でH′に伝える。

（1986年3月8日　心理劇月例研究会　総監督：松村康平）

【効　果】

内容がHからH′，H″へと伝わっていく通路が視覚化されることで，相手にわかりやすいように話すこと，それを受け取って・発信することなどが可能になる。自分の意向が強く相手からの働きかけを聞く余裕が作りにくく，一方的になる場合などに効果的である。会話を短く区切ることで，相手にわかりやすいように伝達する練習にもなる。2人を介することで内容に多少の修正・整理が施されるのを聞き，伝えたい内容が明確になる。余裕を持ち，考えながら次の言葉を提示することができる。

【生活とのつながり】

①考えていることを，口で表現することが大変苦手なHには，少しずつ区切って伝える訓練が大変有効で，人に話しかける動作も少しずつ上手になった。②と③では，H′，H″と2段階になっていることと，Hとしてはこういうふうに人にわかり易いように，正確に話すべきだということが，繰り返し

演じられて教えて貰えるので理解しやすい。観客の受けこたえもHにとっては，嬉しいこともあり，一層効果が出るのがこの劇の特色である。全体の動きの中で，Hは方向性についても理解でき，どの時点で発言すればいいかも上手にやれるようになった。

「待つ」ことが上手になり「話しかけたい」という気持が出て，「話す」ことが少しずつ増した。（下郷）

❼ エネルギーを回す ― 受けて・感じて・渡す

【ねらい】
　人から受け取ったエネルギーを次の人に渡すことにより，つながりを体験する。

【手続き】
① 少人数で，手をつないで丸くなる。
② 一人が始点となり，左手で左隣の人の右手を握って，エネルギーを渡す。受け取った人は，同様にして左隣りの人にエネルギーを伝える。

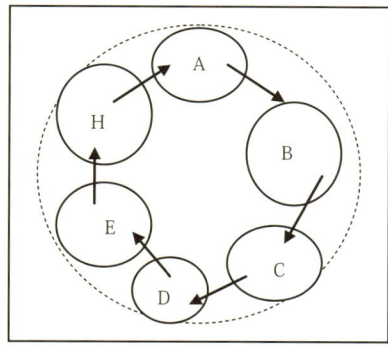

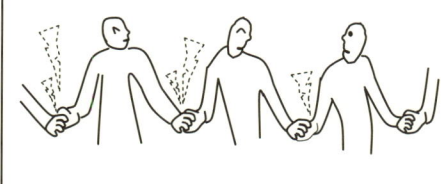

【展開例】
　［手続き1］
　　全員でまるく手をつなぎ一人が起点となりエネルギーを伝える。

[手続き2]
応用① 握手をしてエネルギーを渡して順番に伝える。
応用② （手をつなぎたくない場合など）隣りの人の肩をたたく。同様にして，次々に肩たたきをする。
応用③ 一人が円の中央に入り，何をするかを指示する。（例：皆さん，順番に握手して下さい）
（1989年5月27日　心理劇月例研究会　総監督：松村康平）

【効　果】
　エネルギーが次々に移ることを目で追い，自らもエネルギーを伝えることへの楽しさが成立し，集団の凝集性が高まる。人からの働きかけを受けて他者に伝達することにより人とのつながりにおける自分であることを体感することができる。
　手続き1の方法では，現在のHはEからの伝達をAに伝えられない。手続き2だと隣の人に伝達することができ，輪の中央に出てグループに「手を叩いてください」などの指示もできるようになる。手続き2の体験を通して，Hは手続き1の「エネルギーを伝える」が徐々にできるようになった。（下郷）

❽　ストーリーを創り・演じる

【ねらい】
　シナリオの内容を創り，場面展開に必要な役割を演じる。
【手続き】
　ストーリー展開と出演者の役割行為を決めてから演じる。
【展開例】
　［場　面］　バスに乗る場面の内容を相談してから演じる
　①　監督は，場面のストーリー創りを提案する。
　　「5人でストーリーを考えましょう。一人ずつ場面を提案してください。H君は皆の提案をノートに書いて下さい。」
　②　それぞれの役割を決めて，5つの場面の流れを確認してから演じる。

[例]：監督はHがしばしば提案する「バスに乗る」場面のストーリー創りをグループに提案する。5人は相談して「此処はバス停の前です。バスに乗って海に遊びに行きます〜降りる時に男の子がバス代が足りなくて，泣いてしまいしました。そこに〜」というように，ストーリーと，出演者が演じる内容を決める。
（1992年4月11日　心理劇月例研究会　総監督：松村康平）

【効　果】
　場面展開を事前に共有してから演じることにより，役割意識や場への参加の仕方が明確になる。関係体験の育ち：場面の流れを前もって把握し，自分や他の人の役割を確認する，などをとおして役割意識が明確になる。ストーリーの流れを共通に認識することで，人とのつながりで役割を取る楽しさを体験することができる。Hは5人の発言をノートに記録することができた。また，男の子の役になり「男の子はバス代が足りなくて泣いていました。」という場面では，最初と2回目は役割がうまくとれなかったが，3回目に上手に演じることができた。（下郷）

❾　予定の変更も楽しく

【ねらい】
　予定してきたことを，いま・ここの状況の必要性に合わせて変更する。

【手続き】
　用意してきたことを大切にしながら，出会った人の要求とも出会わせて新たな可能性が広がるように関わる。

【効　果】
　変更しても楽しくいられる体験の積み重ねにより，変更を受け入れて対処することができる。

【展開例】
　［場　面］　俳優の役割を付与する。
　　Hから俳優の役割付与された人が，別の俳優役に変更して欲しいと要求

したり，シナリオに用意してない俳優役をやりたい，などと要求する。HがKさんに「石川ひとみさんになってください」と頼むと，Kさんから「堀ちえみさんに変えて下さい」と言われ，びっくりして持参した紙に変更する俳優名を書き変えていることもあった。Nさんから「松坂慶子をやりたい」と依頼されて，「嫌です」と断る場面もあった。
（1985年2月23日，3月23日　心理劇月例研究会　総監督：松村康平）

【効　果】
- **関係体験の育ち**

回を重ねるごと，紙に俳優名を書き変えることをしなくてもリクエストに応じて新しい俳優名に変更するようになった。Hが苦手の「変更を予儀なくされる」ことについてHなりに考えて対応できるようになる。職場や家庭でHの面倒をみる側からみるとHのような繰り返しの動作が大変多い性質を持っている者が変更に強くなることは，説明する手間が大幅に省けるので大助かりである。Hが何とか一般企業に勤務して5年も続いている大きな要因にもなっている。

- **家庭での対策**

①変更の必要がある場合は，根気強く時間をかけて説明する努力をしている。
②代替案をいくつか用意してHに選択させる方法をとっている。
③変更になった理由や，その時の状況をHに話してやっている。（下郷）

[まとめ：土屋明美]

② 心理劇技法いろいろ

　Ｈさんと共に展開した映画心理劇技法のうち，他の場面でも適用可能な諸技法を７つに類型化して，ねらい・方法・（Ｈさんの体験例）の順に示す。（　）内の例示は，「関係学研究」に収録された下郷氏の体験例から抜粋した。

　類型❶から❹では，主に場面展開技法を提示し，類型❺から❼ではＨさん中心に展開したかかわり技法を提示する。

❶ 場面のつくり方：場面設定の技法。グループ参加者全員の関与を促す心理劇技法。

❷ 映画心理劇の様々な進め方：Ｈさんは，映画の題名，登場する俳優名，ニュース，トピックスなどを毎回 20 枚程度の紙に書いて準備万端で参加された。毎回ほぼ同じような進め方で展開していたが，ここでは新しい展開方法の提案なども取り入れて映画に新しさが成立した方法を提示する。なお，映画心理劇の展開については，第３部－③を参照されたい。

❸ 役割の取り方：場面内での役割のとり方。

❹ いま・ここで・新しく：参加者と一緒に新しい活動に関わる。

❺ 言葉・動作・空間把握：Ｈさんの認識と動作を育てることを目的として展開した技法。

❻ 身体を使って

❼ 音楽：歌うこと

1 場面のつくり方

●ある家庭の朝・昼・夕

【ねらい】
場面の展開に沿って，必要とされる役割をとることができる。

【方　法】
演じる内容をおおまかに相談し，場面展開の節目を共通に理解してから始める。

（ある家庭の朝・昼・夕方の場面を行うことになり，Hはお父さん役になる。朝は起きて朝ごはんを食べ，昼は皆で公園に遊びに行き，夕方になりカレーライスを作って食べる，という一連の流れを演じる。）（1993）

●仕事を教えてください

【ねらい】
仕事の内容を言葉と動作で他の人に伝えることができる。

【方　法】
出勤してから仕事を始めるまでの様子を再現して演じる。仕事内容を知らない人からの質問を受けて，仕事の内容を知っている父親にも言葉で補ってもらう。

（入口〜タイムレコーダー〜更衣室〜作業所，と，出勤した時の状況を場面にするのは苦手であるが次のような質問には答える。「H君のしている仕事はどういうことですか？」⇒「ビンの仕分けとアルミの回収です。アルミは籠の中にいれます」，「お昼の合図は何ですか？」⇒「ベルです」など。1997）

（一緒に卵を買いに行って料理を作る。作業所でしている仕事を，共演者と演じながら伝える。職員と一緒に買い物に行く場面では話しながら店に行く。「卵は何に使う？」⇒H「割って使う。冷蔵庫に入れます」　卵屋では店員の役割を取り，H「いくつ欲しいですか？」など店員になる。帰り

道の会話では，卵を使う料理は「たこ焼き」と話し，料理の場面ではHが卵を割る。作業所でよくやっていることなので，細かいことまで演じることができた。）（2011.11）

●成長の節目をたどる

【ねらい】
成長の節目をたどり，未来につなげる
【方　法】
記念日などに今まで体験したこと，印象にある出来事などを思い出し，場面に再現する。
（Hは，中1のこと，新聞づくり・柔道部・剣道部・マラソン・奈良の大仏への修学旅行）など自分の知っていることを，口に出した。）（1998）

●気象実験室

【ねらい】
場の特性を両極端（寒い所と暑い所など）に設定し状況変化体験を楽しむ。
【方　法】
部屋を寒い所と暑い所に二分し，役割設定をして行き来する。
（「この室はまず，寒いところから始まる気象実験室です。みなさんは団体ですね。小学生ですか？中学生ですか？」⇨「小学生」「小学何年生ですか？」⇨「6年生」「では，入場券をいただきます。どうぞお入りください～」）（2000）
（Hは場面が両極端に変っても上手についてできた。入場券でみんなとつながり「6年生です。」と代表して答えた。パイナップルジュースを作って売る役を頼まれて楽しそうにしていた。「寒い！」と言うと，ストールを出して貸すやり取りの中にも入って演じていた。）

●これからしたいことは？ ― 未来を場面に描いて

【ねらい】
　自分がこれからしたいことを提案し，見通しを成立させる。

【方　法】
　夏休みに行きたい所を場面設定して行く。
　（HはY市のパン工場に行きたいと提案し，みんなと一緒に出かけたので満足していた。後日，実際に出かけた時「心理劇でやったね」と話しかけてきた。）（2010，2009.7）

●海辺にて

【ねらい】
　自由度の高い状況設定において楽しく過ごし自発性を高める。

【方　法】
　「ここは海辺です」と設定して，それぞれ思い思いに遊ぶ。
　（皆それぞれが違ったものを見つけ，違った動作をする。船も種類があり，Hも楽しそうに演じていた。）（2010.6）

●今年を振り返る～動くカレンダー

【ねらい】
　心に残る出来事を再体験し，今の自分にとっての意味を見出す。

【方　法】
　１年間の時間の流れにそって月ごとに思い出を演じる。
　（Hは補助の人と一緒に，12月の行事の話をし，演じた。）（2010.12）
　（監督から「今年のハイライト」を言うように指示があり，自分の番が来ると嬉しそうに「１月にニュースといなばの白ウサギを踊りました」と発表。いなばの白うさぎは鳥取を旅行して以来興味を持っている。）（2011.12）

● 物語の題名は？

【ねらい】
他の人の演じるストーリーからその題名を推測する。
【方 法】
多くの人に馴染みのある童話の一部を数人で演じ，観客は題名を当てる。
（Hは父親が「一寸法師」の物語を演じると，すぐに題名を言うことができた。演じることは難しい。）（2011.11）

● 季節を表す

【ねらい】

季節感を身体で表現して，共有する。
【方 法】
今の季節をどのように感じているかを，身体で表現する。
（「秋という言葉からどのようなことを思い浮かべますか？」と，問いかけられて「秋」にまつわる感じを身体で表現したり，紅葉した木々の間を歩くなどの場面を設定して季節感を味わう。Hは「紅葉の秋です」と発表。川辺の散歩道で「踏切」や「庭に花がいっぱいの倉庫」「大きな枝の並木」などを，大きな手ぶりの説明を真剣な顔で聞きながら一緒に歩いた。）
（2011.9）

● 心に残る秋

【ねらい】
印象に残った季節の出来事を思い起こして発表する。
【方 法】
それぞれの心に残る秋の出来事を簡単に場面化して参加者と共有する。
（一人の参加者の発言からめずらしいケーキを店に買いに行く。友達を招待するなど，賑やかな劇が進行し，Hも一緒について演じた。Hの順番が

来ると「スポーツの秋です。体操をやります」と提案して，一緒に体操をした。）（2009.10）

●場面を次の人に伝え，広げる

【ねらい】
　話題を受け継ぎながら次の場面を創る
【方　法】
　「2人1組で思い出に残ったことを話しましょう」と指示があり，最初の人が「ここはどういう場面か」を説明しながら演じる。次の2人はそれを受けて広げていく。
　（話題が広がり，順番が来たらHも楽しそうについていけた。父も頑張って演じてみた。）（2011.2）

●印象的な出会いの再現劇

【ねらい】
　故人との印象的な出会いを再現して，今・ここで・新たに出会う。
【方　法】
　参加者が共通に知っている松村康平先生との思い出の一こまを場面設定して演じ，いま・ここで再び松村先生と出会う。
　（Hは松村先生の話題なので，監督の指示を受けて楽しそうに演じていた。）
（2007）

2　映画心理劇のさまざまな進め方

●いま・ここから始める映画作り

【ねらい】
　参加者全員に俳優役割を付与する。
　（いつもは準備してきたシナリオに登場する俳優に合う人を探して役割付

与をしているが，参加者を見ていま・ここで役割を考えて役割付与する。）
【方　法】
　用意してきたシナリオは持たずに，参加者一人ひとりに俳優役を依頼し，映画のテーマも相談して決める。
　（持参したシナリオを使わずに，この場で皆に役割付与したりテーマを決めるように言われて初めて劇に参加することができた。「実際にないモノを演じる場面」でも，持参したシナリオを見ないで演じるので，動作も大きく上手に見えた。前進できた劇だと思った。）（2002）

●２方向から同時に始める

【ねらい】
　旅行の出発地と到着地を前もって場面設定して，同時に始める。
【方　法】
　映画心理劇「遠くへ行きたい」で，監督から「今日は福島と白河に分かれて，白河の人達は待っていることにしましょう。」と指示があり，２組が同時に動き始めた。
　（Ｈも自分の役割を決めて他の人と演じていた。以前は，２組に分かれるとついていけないことが多かった。）（2007）

●小グループで役割をとって演じる

【ねらい】
　場面の構成を明確に捉えられるようになる。
【方　法】
　出演者を，俳優チーム・歌手チーム・演奏者チームなどの３つに分化して場面を構成する。
　（映画心理劇「成田空港見物」では，３人ずつ監督的グループ・補助自我的グループになってふるまう。Ｈは監督の難しい注文にも，監督グループの他の２人に助けられて最後までよく動いた。）（2007）

●予定の変更に対処する

【ねらい】
　予定の変更に対処して楽しく演じることができる。

【方　法】
　Hの意向だけではなく参加者の希望も入れて，相談して場面を展開する。
　（Hは補助者2人と相談しながら劇を進行する。行き先が白川から北海道に変更になっても自分の意思が入っているとうまく演じる。）（2008.1）
　（劇を相談しながら作ると大幅に変更しても上手についていく。虫や蝶が登場する。皆，名前があるのを嬉しそうに聞く。）（2008.2）

●新しいシナリオをホワイトボードに書く

【ねらい】
　映画心理劇の内容を他の人の希望もとり入れて創る。

【方　法】
　他の人と相談しながらホワイトボードに内容を書く。
　（Hが一人でホワイトボードに自分のしたいことを書いている時，参加者がボードを半分残すように頼む。持参した紙は持たずにホワイトボードの余白に皆と相談しながら劇の内容を書くことになり，Hも順番が来て発言する。自分の意思が入り，その上，内容を広げて貰えるので，準備した紙のことを忘れて皆と一緒によく動くことができた。）（2008.2）

●ホワイトボードに書いて待ち，書いた物を活かして場面設定をする

【ねらい】
　自分なりの参加の仕方を工夫する。

【方　法】
　待っている間にホワイトボードに自分のしたいことを書いて待つ。書いたものを活かして映画心理劇を始める。
　（待ち時間が長いと溜めていたことを一気に話すが，聞いている人には聞

きとりにくくなる。そこで，ホワイトボードに書き込んでいたものを利用して劇を作り，Hも満足する。)（2009.8　研修会）

●さまざまな提案を入れながら

【ねらい】
参加者の提案を合わせて劇を創る。
【方　法】
Hの準備してきたものと参加者の自発的な提案を合わせて劇をすすめる
（「翼をください」の映画心理劇をHの希望で青森市から始めることになった。監督から「皆さん青森市で何をしたいか提案してください」と指示がある。皆と一緒にやるのは嬉しいが他の人の希望を入れて一緒に演じるのは予定外であり難しい。うまくやれないと困った顔をするし，やれると大変嬉しそうな顔をする。)（2008.8）

●いつもと違うことを

【ねらい】
同じようなパターンで展開しがちな場面において新しい方法を見つける。
【方　法】
「いつもとは違う方法で行う」ことを意識して場面を展開する。
（監督から「いつもとは違ったことをやりたい」と提案がある。「切手のない贈り物」の映画で，Hの決める人物・場所・日程なども補助自我の問い掛けで，次々と広がっていった。自分の意志が入っていると，変更があってもうまく演じる。)（2007）

3 役割の取り方

●補助者になる

【ねらい】
他の人に役立つようにふるまう。
【方　法】
状況が停滞しているような場面において発展を促すようにかかわる。
（ボールを回す場面で，Hのすぐ隣のTくんがボールを回さないとHが代わってボールを次の人に渡していた。全体の動きが見られるようになり，自然に補助の役がとれていた。）（1993）

●どっしりした役割を取る

【ねらい】
期待されている役割らしく落ち着いてふるまう。
【方　法】
王様や木など，この場にどっしりしていることの期待される役割をとり，他の人が次々に関わる。
（紙の手提げ袋の'冠'を上手にかぶって，王様らしく堂々とふるまっていた。木の役割では，舞台の上で花が散るところの表演を指先まで使って上手に演じた。）（1994）

●いつもの自分を鏡で観る

【ねらい】
いつも自分がしていることを他の人が演じるのを観て，自己認識を新たにする。
【方　法】
Hがいつもしている映画心理劇の監督役を他の人がなぞって演じる。
（他の人が，いつもHのしているように台本を持って映画心理劇を演じた。

Hはそれを傍で少し照れながら見ていた。）

● 自分の意思を伝える

【ねらい】
自分の意思を相手に確実に伝える。
【方　法】
自分の意思を参加者に向けて，相手がわかるまではっきりと伝える。
（映画「希望・平成8年」で，Hはアシスタントをして貰う人にはっきりお願いの言葉が言えるまで，数回のやり直しを監督から指示された。更に，語尾を最後まではっきり言うことも要求されて，できた。感想を聞く役割では相手の顔をきちんと見るように注意されても，上手にできた。）（1997）

● 危機的場面に対処する

【ねらい】
想定外の危機状況において適応的にふるまう。
【方　法】
日常場面に危機的状況を成立させて，解決への自発的行為を誘う。
（山の中でバスが故障してしまい，全員でヘリコプターに乗り換えるなど予想外の急な変更が起きたが，Hは「変更」に沿って演じることができるようになった。）（1995）

● 危機場面の主人公になる―怪我をした鳥になる

【ねらい】
危機的場面で役割を取り続け，他の人とのかかわりにおける変化体験を成立させる。
【方　法】
危機的場面において参加者全員が危機を乗り越えるために協力する。
（例1：全員参加の心理劇で，川・山・海へ一緒に出かける。川でカラスに会い，怪我をして左の羽が使えないカラスの治療をした。そして，一

週間たってホウタイをとったら治っていた，という劇を展開した。Hはカラスの役割をとり，羽の動かし方の指導を受け，指先に力を入れて横に広げる動作など，次第に大きな動作ができるようになった。）（1999）

●社会的役割を取る

【ねらい】
場面に必要な社会的役割を取る。
【方　法】
参加者を代表してお礼の花束を渡し，握手する。
（例1：M先生の退職記念の会で花束を渡す。プレゼン資料に時々自分も出て来るので最後まで真剣に見ていた。花束を渡したことを家に帰って母親に報告した。）（2011.7）
（例2：映画心理劇の監督役割を取っている時，退席する人に気づいて「さようなら，お母さんによろしくね」と声をかけた。）（2011.11）

●質疑応答をする

【ねらい】
日常生活を話題にして会話をつなげる。
【方　法】
1問1答形式のやり取りにより会話をつなげる。
（Hが出演者の名を沢山あげ，最後に「YとHがレギュラー出演するんです」と言った後の会話―M「HさんとYさんがテレビに出ちゃうと大掃除は誰がやるんですか？」H「Hがやるんです」⇒M「いつやるんですか？」H「31日です。出演することになります。」⇒M「大掃除はどこをやるんですか？」H「窓ふきやります」⇒M「1月1日は何をするんですか？」H「お正月おせち料理を食べます」⇒M「おせち料理お手伝いしますか？」H「はい」⇒M「何をお手伝いしますか？」H「雑煮」…参加者との質疑応答が続く。）

●補助自我を育てるH

【ねらい】
参加者が補助自我として育つ。

【方　法】
補助自我が役割を果たしていることをHの態度を通して把握する。
(「遠くへいきたい」の映画心理劇で，監督が「いつもと違った劇の進行をしてください」と注文を出すと，補助者1が次々区切りながら新しい注文を出す。補助者2が「Hさんが何ともいえない嬉しそうな顔になる時があり，一緒にやって良かった」と感想を言う。監督のコメント「補助自我がHのために熱心に考えてふるまうことに，実はHが役立っている」Hが補助自我の人に役立つという心理劇の面白さを体験した（父）。）(2009.2)

●自分がしてみたい仕事

【ねらい】
仕事への関心を具体化する。

【方　法】
自分がしてみたい仕事を演じる。
(Hは時計屋さんをやりたいと希望し，時計工場の場面になる。工場でのラジオ体操や輪になって花時計も作った。)（2007）

●家族の役割を決めて

【ねらい】
場面を構成する役割を考える。

【方　法】
俳優役割に重ねて場面に登場する家族の役割を付与する。
(監督から「加山雄三さんは，家族の中の何の役割ですか」など，これから行う家族の役割構成を決めるように指示されて，Hは補助者と一緒に役割を決めることができた。)（1997）

4　いま・ここで・新しく

●今の気分は？

【ねらい】
いま・ここにいての気分を言葉にする。

【方　法】
「いま・ここ」にいて感じていることを「いま・ここで・私は」を文章の最初につけて言葉にする。(2007)

●これは私です

【ねらい】
物を媒介にして自己紹介する。

【方　法】
室内にある何かの「物」を自分に見立て，触れたりして多様にかかわる。（舞台の上の大太鼓型の台を指差しながら「これは私です。いろいろに関わってみましょう」と誘い，参加者は台の側を回りながら台に触ったり，乗ってみたりする。）(2007)

●何が見えますか？

【ねらい】
何もない空間にイメージを成立させて創造的想像の世界を楽しむ。

【方　法】
ストーリーを自由に創るよう参加者に促し，場面設定して演じる。（「何が見えますか？」子牛が見えます⇒「何頭いますか？」10頭ぐらい見えます。）(1997)

●月の世界―かぐや姫

【ねらい】

おとぎ話を劇化して,そこに展開している人間ドラマを体験する。

【方　法】

おとぎ話の登場人物を演じ,感想を共有する。
(かぐや姫を場面化する。かぐや姫,おじいさん,おばあさん,求婚者などになりそれぞれの思いを共有する。)(2007)

●想像遊びで楽しく

【ねらい】

想像の世界を場面化して,現実生活の安定につなげる。

【方　法】

Hが最近,毎日口にする「想像劇」を予行演習という形で場面に組む。
(頭の中で考えたことを口にするだけでなく,役割をとって演じ楽しく過ごす。)(1995)

●音と光がない場面でふるまう

【ねらい】

感覚刺激を限定することで,他の感覚を磨く。

【方　法】

洞窟の場面で,ライトを消しノンバーバルで雰囲気を味わいながら動く。(2009.4)

●隣の方へのプレゼント

【ねらい】

物をみたててプレゼントする。

【方　法】

想像の物をプレゼントする。(ローリング技法の応用)

（相手に想像の物を渡す時「だんだん大きいもの」にすることが提案される。Hは「カラオケセット」を貰って一曲歌い，次の人に「お家」を渡す。「普通では思いつかないものが出て，動きが大きくなった」）（2010.9）

●場面を次の人に伝え，広げる

【ねらい】
話題を受け継ぎながら次の場面を創る
【方　法】
監督から「2人1組で思い出に残ったことを話しましょう」と指示があり，最初の人が「ここはどういう場面か」を説明しながら演じる。次の人はそれを受けて広げていく。
（話題が広がり，順番が来たらHも楽しそうについていけた。父も頑張って演じてみた。）（2011）

●一番落ち着く場所

【ねらい】
それぞれが落ち着く場所を考え，位置する。
【方　法】
落ち着く場所でお互いが気持ちよく過ごすかかわり方を見つける。
（喫茶店に静かに座る人に，公園のベンチに座る2人が関わり，関係が広がった。Hも役割を付与されて真剣な顔で演じ，皆と一緒にやれることが多くなった。）（2011.4）（東日本大震災後最初の月例会）

●満点からはじめよう

【ねらい】
肯定的自己確立を促す。
【方　法】
「私は満点です」「はい，あなたは満点です」相手と対面して自信を持って言う。
（何度もやったことがあるがその度に斬新である。この技法が広がるとい

いと思っている。）（2010.8）（夏の研修会）

5 言葉・動作・空間把握

●空間・位置関係の把握

【ねらい】
　「ここ」「あの」の位置関係を，身体と言葉で理解する。
【方　法】
　台の上で「僕はこの位置にいます」と言い，次に台から降りて台を指して「僕はあの位置にいました」と，言葉で空間的位置関係を表す。（1992）

【ねらい】
　参加者全員が見える場所を見つけて位置し，全体状況の意識化を促す。
【方　法】
　「H君，椅子を動かして，みんなが見える位置に移動して下さい」などと促して，全員が見える場所を見つける。（1995）

【ねらい】
　前後の位置関係・遠近の位置関係を把握する。
【方　法】
　「H君，Aちゃんの後に立って下さい」「横に立って下さい」「前に立って下さい」「(向かい合って) 遠くに離れて下さい」「近づいて下さい」などの指示を受けて空間移動する。

【ねらい】
　四角の部屋の隅を意識する。
【方　法】
　「部屋のはしっこに1人ずつ立って下さい。H君も入って下さい。」

【ねらい】

距離感を体感する

【方　法】

輪投げをして，どの位置から投げると輪がうまく入るかを工夫する。（1995）

【ねらい】

写真を写す

【方　法】

写真を写す時に「～さんの横，～さんの後ろ」などと並ぶ位置を様々に変える。

●新しい言葉を学ぶ

【ねらい】

言葉の意味を体験的に理解する。

【方　法】

聞き慣れない言葉を紙などの具体物を用いて説明する。
（Hは研修会の案内を読みあげる時に現実，想像，余剰現実，共有，分有など，意味がわからない字は小さい声で読む。Hが理解できない単語を松村先生が易しい言葉で，動きを加えて具体的に解説して下さった。）（1994）

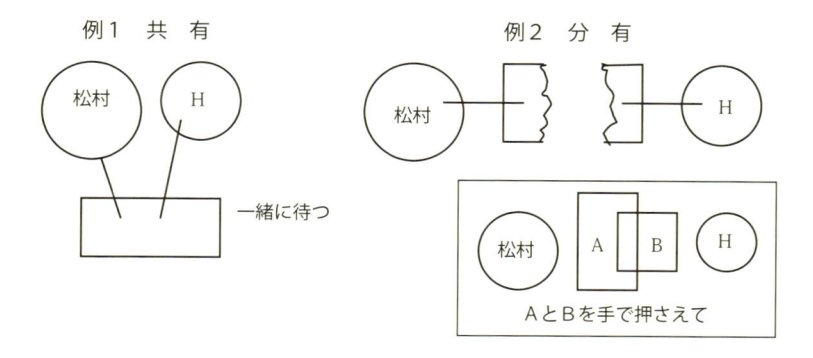

例1　共　有　　　　　　　　　例2　分　有

松村　H　　　　　　　　　　松村　　　　　H

　　　　　　一緒に待つ　　　　　　松村　A　B　H
　　　　　　　　　　　　　　　　　AとBを手で押さえて

●しりとり遊び

【ねらい】
　言葉遊びを楽しむ。
【方　法】
　しりとりをする。（3人で次々に行い、言葉もよく知っていて何とかできた。能楽という単語まで使ってうまくつないでいた。）（1998）

●区切りながら読む

【ねらい】
　文章の区切りを意識して読み、言葉のリズムを感じながら文章に「,」「。」をつける。
【方　法】
　HがNさん宛てに書いた手紙をNさんが「,」や「。」をつけて区切りながら読む。M先生宛てに書いた手紙をM先生が同様にして読む。
　（Hの文には「,」「。」がないので、読みながら区切りをつけて、「,」「。」のつけ方を体験的に学んだ。）（1999）

●心理劇でしたことを文章にする

【ねらい】
　心理劇でしたことを書いて参加していない他の人に伝える。
【方　法】
　映画心理劇を終えて、したことを他の人にも分かるように紙に書く。
　（監督から、家に帰って報告して下さいと言われ、Hは帰宅して楽しそうに家族に見せていた。）（1999）

●写真の場面を再現する

【ねらい】
　写真のポーズに対応させて、現実場面にポーズを再現する。

【方　法】
　①写真の中から自分（H）が写っている写真を捜す。
　②監督の指名した人の写真を捜し出す。
　③後向きの人の名前を誰か尋ねる。（Hは笑いながら正確に答えられる。）
　④3人の写真をこの場に再現し（A，B，C），それを3人（D，H，E）でミラーする。
（写真をきっかけに，心理劇での体験や他の人達の動きを，思い出しながら体験を意識化した。）（1994）

　　　写真を再現する　　　　　　ＡＢＣさんの姿勢をミラーする
　　　┌─────────┐　　　　　┌─────────┐
　　　│　　Ａ　Ｂ　Ｃ　　│　　　　　│　　Ｄ　Ｈ　Ｅ　　│
　　　└─────────┘　　　　　└─────────┘

■ **自分と一緒に行動して楽しかった体験を他の人から聞く**

【ねらい】
　自分について人が話すのをしっかりと聞く。
【方　法】
　H君との心理劇で，楽しかった体験を具体的に話す。
（「みんながH君と一緒にしたことの話をしますので，聞いている人を見ましょう」）

【ねらい】
　参加者へのインタビュアーになる。
【方　法】
　映画心理劇を終えてHが順番に感想を聞く。
（監督はHに「感想を順番に聞いていってください」と頼む。H「どうで

したか？」⇨参加者「リンゴジュースおいしかった」，監督は続いてHと補助者に「お互いに聞いてください」と促す。補助者「どうでしたか？」⇨H「楽しかったです（拍手）」(2000)

●色を探す

【ねらい】
共通性をもとにして，会話をつなげる。
【方　法】
オレンジ色の物を部屋の中から見つけて持ち寄り3人の会話を広げる。(2007)

●夏の（夏は，夏が）〜で短い文を作る

【ねらい】
短い文章から場面設定する。
【方　法】
文頭に「夏は，夏が，夏の〜」をつけて文章を作り場面設定する。季節を限定することで，表現する事柄が明確になる。(2007.7)

●正しく丁寧に

【ねらい】
正しい言葉を使い，丁寧に人に依頼する。
【方　法】
補助者を選ぶ時に，正しい言葉で丁寧に依頼する。監督より補助のMさんには「区切ってしまいましょう」と指示がありHの演じ方の正確度が増した。(2008)

●「分からない」と質問が入る

【ねらい】
伝えていることが聞き手に「分からない」と言われた時，正確に伝える工夫をする。

【方　法】

監督は参加者にHが読み上げる事柄が正確に伝わるように，「Hの言葉を注意して聞き取り，分からない時は『分からない』と表示するように」と指示する。

（Hが声をあげて読み，区切りのところで参加者が巧みに質問すると，Hは読み方（速度）を変えて読み上げる。全員に正確に伝わったことを確認して終わる。Hの書いた文が見事に完成された。）（2009.3）

● 3つの言葉で表現する

【ねらい】
言葉を概念枠に位置付ける。

【方　法】
「夏」から想像することを3つ話す。それらをさらに，3つの分類にあてはめて言語化する。（夏から想像する言葉を，食べ物・行きたい所・思い出に分けて皆で発表する。）（2010.7）

6　身体を使って

●変わり拍手

【ねらい】
身体を意識分化して使う。

【方　法】
①全員で拍手する。②右手は上向き左手は下向きにして，隣の人と手を合わせて左右同時にたたく，など拍手の工夫をする。（1993）

●大きい輪・小さい輪

【ねらい】
出会いの意外性を楽しむ。

【方　法】
出会う人が次々に増えたり，減ったりする関係力動体験を成立させる。
（2，3人で小さな輪を作り動き回り，輪がぶつかり合って大きな輪になり，最後は全体の大きな輪になる。そして，また少しずつ小さな輪になって…，というように全体がダイナミックに動く。この"関係力動体験"の場面では，補助の皆さんと一緒に歌ったり，掛け声を掛けることが大変うれしそうで，場面にストップがかかった後も，ニコニコ笑っていた。）（1993）

●みんなと一緒に身体を使って

【ねらい】
身体の動かし方の可能性を仲間と一緒に広げる。
【方　法】
① 手をつないで輪になり，協力して高い所のものをとる。
② みんなでしゃがむ。
③ 重いものを一緒にはこぶ。
④ ひざを曲げて，手をたたく。
など，みんなと行う。
（監督からの指示で，みんなで演じるこの場面はHの苦手な動作もたくさんあるが，ともかく一緒にやる努力を続けていた。関係力動体験を生かしながら，苦手なことが多い"なぞる"ことが次の課題の一つと考えている。）（1993）

●意識分化を誘う

【ねらい】
物を活用して意識を分化させる。
【方　法】
座布団の上を，飛び石の上を歩くように移動する。
（"意識の分化"をテーマに場面に入って，楽しそうに身軽に動いていた。）（1993）

●話しながら，ゆっくり一緒に歩く

【ねらい】

一緒に歩く人を意識して歩く。

【方　法】

話をしながらゆっくり歩く。

（監督からHには人の話をよく聞くように，補助の人には言葉をつなげていくように指示があった。Hも話しかけられると答えなければならず真剣な顔でしていた。）（1997）

●手と足で，グー・チョキ・パー

【ねらい】

じゃんけんをして勝ち負けを決める。

【方　法】

Hはじゃんけんを出した瞬間に相手に合わせてしまうので，手と足の両方で行ってサインを保持することができるようにする。

（手ではできるが，足ではできなかった。じゃんけんは現在も苦手であるが，じゃんけんの紙芝居を借りてくると，楽しそうに見るようになった。）（1998）

●影踏み遊び

【ねらい】

「影」と遊ぶ

【方　法】

影踏みをする。

（Hには理解できないところもあったが，最後には集中して熱心にできるようになった。グランドで親子でキャッチボールやサッカーの練習をしている時に影を見せて，Hや父親の分身が動いているのを何回も教えてきたが，ニヤニヤ笑うだけで，親の教育では効果は少しだけだった。心理劇で

とりあげて頂くと，Hも考えることを深めてくれ，効果が大きいのがよくわかった。）（1998）

●なぞる

【ねらい】
相手の動きを見て，同じようになぞる。
【方　法】
①私と同じように動いて下さい。（監督は床にしゃがむ，両手で膝を叩く。Hも真剣な顔で，同じ形を作っていた。）（1995）
②流れのある動作をなぞる。（ゴルフ，日本舞踊，野球などの流れをみながらなぞって一緒に動く。）
③鏡の前でなぞる（鏡の前に2人で立ち，鏡に映る横の人の動きをなぞる。）（1998）

●オートバイに乗る

【ねらい】
体で"ふり"をする。
【方　法】
オートバイに乗ったつもりで手や足の位置を決めて，体で表わす役割をとる。（1992）

●リレー選手になる

【ねらい】
体で"ふり"をする。
【方　法】
リレー選手になり，現実には短い距離を長い距離のようにしてバトンタッチをして走る。「ゆっくりだけど，早く走る動作でリレーをしましょう」
（2回目からは監督の指示が理解できたようで，上手に演じていた。）（1994夏期研修会）

●観覧車になって動く

【ねらい】
　人と手でつながりながら楽しくふるまう。
【方　法】
　集団で観覧車になり，高低差やひと周りする感覚を体験する
（参加者皆で手をつなぎ，一呼吸するごとに隣の人の位置に移動し，空間の位置を確認しながら元の位置に戻るまで続ける。）（2011.6）

●今の気持ち

【ねらい】
　今感じている気持ちを身体で表現する。

【方　法】
　自分の今の心境を体で表現する。
（Hは順番になり手を叩き，楽しそうに演じた。感想では「跳んで，楽しかった」と。）（2010.5）

●ピッチャーになって空気のボールを投げる

【ねらい】
　空気のボールで野球をする。
【方　法】
　野球の試合場面でピッチャーの役割になり，キャッチャーに向けて空気の野球ボールを投げる。
（普段の生活で父とキャッチボールをして慣れているのでやり易かった。投げる時は相手をよく見て演じていた。）（2011.9）

● 3人でひとりのHを，Hが見る

【ねらい】

自分の体調を観る。

【方　法】

3つに分化した自分の動きを見て自分の体調（容態）を知る。

（参加者は「顔が赤い人・体・気持」の3つの役になり3人でHを演じ，Hはそれを見ている。父より「血圧が高くて，機嫌が悪くなったのと関係があるかな。何日か調子が悪い。顔が赤い。テレビを見ていいけど，寝てなきゃだめだよ，と言っても自分の部屋で見ているかも知れない。」と話がある。）（2011.11）

7　音　　楽

●歌の先生になる

【ねらい】

歌の先生になる。

【方　法】

区切りながら歌い，他の人をリードする。

（Hが提案した劇「希望」の主題歌「白い風」を皆が歌詞を覚えて歌いたいという要求で，Hは区切りながら何回も歌った。自分の役割が理解できて，3回目ぐらいから正確に歌えるようになった。）（1995）

●合奏する

【ねらい】

合奏を楽しむ。

【方　法】

楽隊一人ひとりが違う楽器を持って（自分の音を出し）演奏して合奏を楽

しむ。
（楽器を交換して音で自己表現する場面で，Hも真剣な顔でやっていた。）
（1993）

●音を創る

【ねらい】
身近な物を使って演奏する。

【方　法】
「自分の音を出してみましょう」「自分と他の人とかかわって音を出してみましょう」「何でもよいので，物にかかわって音をだしてみましょう」など，工夫して即興演奏する。
（例：葉の芯，紙片，打楽器，傾けると音を出す楽器など。どの場面でもグループの人たちに助けられながら真剣な顔で演じていた。1999）

●わらべ歌で遊ぶ

【ねらい】
皆と一緒にわらべ歌で楽しむ。

【方　法】
わらべうたのルールに沿って遊ぶ。
（「あんたがたどこさ」の歌・動作・リズムを共有しながら，一つ一つを丁寧に演じる。「さ」になったら手を叩くように指示されたら，上手にやっていた。）（2011）
（H提案の「楽しいね」の劇の中で「かごめかごめ」「花いちもんめ」をする。「かごめかごめ」でHは輪の中で鬼になり，後ろの人を当てた。「花いちもんめ」では自分のチームに欲しい人を提案した。終始ニコニコ顔だった。）（2011）

●指揮をする

【ねらい】

全員を捉える。

【方 法】

歌の指揮をする。

（S幼稚園での月例会が最後の日なのでHは思い出をいろいろやりたくて，張り切ってやった。場面がたくさんあっても，上手に区切って演じていた。最後に「蛍の光」の指揮をして満足していた。）(2007)

[まとめ：土屋明美，小里國惠]

3 映画心理劇の展開

（初出：「土屋明美，小里國惠，宮川萬寿美，中村忍　2013　心理劇研究会における個の役割　関係学研究　第39巻第1号」に加筆・修正）

❶ 目　　的

　長年にわたって心理劇研究会（日本心理劇協会主催公開研究会）に参加されたHさんに感謝し，Hさんと共に体験したことや学んだことをHさんの果たしていた役割の観点から考察する。なお，Hさんが準備してきたシナリオにそって展開する全員参加の心理劇を映画心理劇と呼ぶ。
（以下，「Hさん」は「H」と記す。）

❷ 方　　法

研究会の記録・参加体験記録より　（2007年4月〜2011年12月）

❸ 結果と考察

❶ 全員参加の心理劇の促進者

　映画心理劇の典型例を提示し，次にHの役割行為に関連する展開例を考察する。Hの用意してきたシナリオに即しながらも，場面の展開は参加者の自発性により創造され，Hも場面内で役割をとり参加者相互が補助自我的に関わり，全員参加の心理劇をつくりあげている。

[**典型例①**]　監督：土屋　参加者：11名（以下監督はDと記す）
　DはHにアシスタントをお願いするように言い，Hは「Nさん」とお願いして二人で舞台の上段中央に立つ。
　H「毎日ニュースと天気予報です」「来月6日は節分だね。鬼は外，福

は内ですね」とニュースを伝え，参加者とのやり取りが続く。
アシスタント（以下 As.）「次のトピックスは？」⇨ H「天気予報です」「南関東は～」と発表。質問を受けながらの天気予報は終わり，映画になる。
H「天気予報終わりです。続いて東宝株式会社『見上げてごらん夜の星を』です」。H は参加者に俳優役を頼む。
自分で俳優役を決めたい人や「ちょっと変えて」と注文する人もいる。参加者「H さんはどなたの役ですか」⇨ H「宮脇康之でございます」と丁寧に答える。
全員に役割付与がなされ，行き先は参加者の「星のきれいなところへ行きたい」という希望を受けて，H は「ハワイ」を提案し，パイロットになる。乗客は機内でおしゃべりをしたり，富士山や流れ星を眺め楽しむ。
D「パイロットさん，雲がかかっているのでもうちょっとハワイの上空で待ってください。ゴロゴロゴロ・・・」と危機的状況を設定する。乗客は「わー」と騒ぎ出す。
As.「あと 5 分で着陸，大丈夫ですよ，中央滑走路に～」と誘導し無事到着，拍手。
ハワイでは天文台の望遠鏡で流れ星を見たり，海へ行き魚が泳いでいるのを見る。アロハオエの歌が流れ踊る人もいる。
「見上げてごらん夜の星を」を歌い，H は「終わり」と紙を提示する。感想では次の映画のタイトルが伝えられた。（2010 年）

[**典型例②**]　監督：土屋　参加者：10 名
① H は映画心理劇の監督になり，用意したシナリオを見ながら「日経ニュースと天気予報です」と，内容を発表する。H が用意した情報に，観客が質問したり新たな提案などをして，H とのやりとりをすすめる。
② 映画「楽しいね」が始まる。H は配役を読み上げ参加者に俳優名を伝えて頼む。この日は，参加者の中で真矢みきさんをやりたい人が二人手を挙げる。H はどちらに頼むか悩みながらもそのうちの一人に頼み，もう一人には新しい俳優名を付与する。

（俳優の役割についてHと参加者が相談して，最初にHが予定していた俳優と変更することもすでにできている）

参加者は俳優の役割にいろいろ注文を出しながらも全員の俳優名が決まる。そして，全員でバスに乗って青森へ。ところが外は大吹雪になりバスの中に閉じ込められる。そのうちに，病人がでたりもするが，バスは無事に動き出しHの提案で「夫婦道」を歌いながら目的地へ向かう。

青森に到着して旅館で温かいものをおいしく食べて，おしまい。

今日の映画のタイトル「楽しいね」の歌を，Hが用意した歌詞カードを見て全員で歌い，最後に来週の予告をして終わる。

【感　想】

- 私はこういうふうにやりたいというのをHさんはしっかり持っていらっしゃるのを感じた。
- 夫婦道を歌いながら夫婦道を進んでいくというのが素敵だった。
- ゆっくり考える時間が持てた。
- Mが真矢みきさんという役割を取って，真矢みきさんがバスのお客さんの役割をやってすすんでいく。そしてお客さんが場面転換するような機能を担ったりということができていくのかと思った。
- Hさんの様子をとらえてSさん（父）が，「楽しくなるとこういう状態になる。」と教えてくださる。
- 状況をつくる役があって怖くなったりして気持ちが動いておもしろかった。
- 「真矢みきさんになりたい人が二人いて困りましたか」と聞く人がいて，Hさんは「困りました。田中好子さんやってもらったんです。」と答える。
- HさんがテレビでⅠ番好きな人って言ってたけれど，私はウエルカメが好きだよ。
- 「Hさん，Hさんがテレビで一番好きな人って言っていたので，NOさんがウエルカメってお話したくなったんだって」と言うと，Hさんは「はい」と答える。　（2010年）

●映画心理劇の場面構成は，ほぼ次の通りである。
① Hによるニュース，天気予報，トピックスの提供。
② 映画づくり
　• 参加者へ役割付与。
　• 乗り物で目的地に向かい，活動する。その後，出発地へ戻ってくる。映画の内容はHと相談しながら柔軟に変更して，様々なバリエーションが創られる。
③ 映画のタイトルとなった歌を用意した歌詞カードを見ながら全員で歌い，次回の予告をする。

[小考察]

❶ 参加者は，Hによるニュース，トッピクス，天気予報を観客役割として聞いているだけでもよいし，補助自我的役割で内容についての質問や提案をしてもよい。

　Hは舞台中央に位置して，用意したきたシナリオ情報を参加者に聞いてほしいと思っている様子が見られ，情報について参加者とのやり取りを楽しんでいる。

　Hは大きな変化には一瞬，戸惑うが30年以上参加するなかで予定外の変更を受け入れて関わることも可能になっている。

❷ 映画心理劇の展開では，心理劇に参入するためにHにより全員に俳優役割が付与される。参加者が俳優役を受け入れた（名前をもらった）時点で，即全員参加の心理劇の一員として位置づくところが一つの技法となっている。

　Hは俳優役の役割付与を楽しみながら行っている。

❸ 各々がその参加体験についての余韻をこめ，心を一つにして歌う。Hにより「終わり」とかかれた最後の紙が示されて，次回に行なわれる映画のタイトルが予告されて終結となる。この場面展開は，①はウォーミングアップ，②は劇化・展開，③は共有・終結と対応し，心理劇が持つ構造を踏襲している。

① 【考察１】　参加者への役割付与
【展開例】
　初参加の学生数名がおり，課題を一つ展開させた後に，Ｈの用意した劇を始める場面になった。ＤはＨに「役をお願いする時，Ｈ君の用意した，誰の役をその方にやってもらいたいか，ここで新しく考えてください」と提案し，参加者には「誰の役をやりたいか，ご自分でも言って…」と声をかける。学生「上戸彩やりたい」⇒Ｈ「高畑淳子さん」（周囲から笑い）⇒学生「もう少し若い人やりたい」⇒Ｈ「黒木メイサさん」（皆から「オーッ」と声があがる）。（2011 年）

［小考察］
　参加者が自分から好きな女優の名を言ってＨが承認するという場面はこれまでもあったが，参加者の希望にそって新しく俳優を考えて変えることがここでは実現した。興味津々で聞いていた皆がその展開を喜び，初めての参加者も場面に位置づいて和やかに劇に入ることができた。Ｄの「ここで新しく考えて」という示唆がＨにも初参加者にも伝わってこのような展開になったと思われる。

② 【考察２】　関係状況への課題提供
【展開例①】
　「お勉強ですね」「お勉強してますね」のつぶやき。　課題解決の心理劇が展開し，感想を共有しながら，それぞれの体験をさらに意識化するような話しあい場面が展開していると「お勉強ですね」「お勉強してますね」と言いながら，自分の書いてきた紙をアピールする行為が見られた。違うことをやりたい雰囲気をかもしだす。

［小考察］
　Ｈの状況理解のつぶやきで，参加者が今・ここで展開する状況を実感しなおす体験

【展開例②】
　場面が急激に展開したり，全く唐突な場面になると，Ｈに困った様子が見

られた。　遊園地でジェットコースターが止まってしまう場面で、参加者の動きが止まった時、展開している場面を「いま　ジェットコースターの上から中継しています」と焦点化するなかで参加者の動きが明確になる。

　　［小考察］
　　　Hが困る様子から場面を明確化する必要性が生まれ、危機を乗り越える具体的な働きかけが展開する。

【展開例③】　要求に応えて

　月例会開始前にホワイトボードの左半分にニュース、右半分に劇の計画を書いている。「終戦記念日…さよなら 2011 ファイナルコンサート」と書いていたのでK（監督）が「（終戦記念日は）年末でないからおかしいね」と言うとHは「2011」を消し、かなり考えて「夏の」と付け加えた。（2011年）

　　［小考察］
　　　参加者は、Hが相手の言葉を受け入れて、用意してきたテーマを変更する柔軟性に、はっとする。準備して参加するHの心理劇への真摯な姿勢を学ぶ。

③　【考察3】　楽しさ（playfulness）の演出

【展開例①】

　歌の演出者になる。Hが「栄冠は君に輝く」と映画の題を言ったことから、劇の内容を高校野球にする。小田原高対法政高の対戦になり、Hにピッチャー役を取ってもらう。「キャッチボールは慣れているので、やり易かったようである。投げる時、周りが静かになり、相手を良く見て演技していた。（下郷 2012）」

　参加者に野球初体験者もおり、空気のボールの野球で自由な展開になったが、審判Kのジャッジで最後に小田原高が勝利。同校キャプテンHが優勝旗を授与されて皆で「栄冠は君に輝く」を歌い、終了。（2011年）

　　［小考察］
　　　最後の「歌」が決まっているので、参加者は歌の内容を具体的な場面として展開し、イメージしながら自由にふるまい身体も軽く動いている。

実際にありそうなことをなぞりながらも，日常の生活では体験できない達成感や高揚感をもって役割を演じ，ふるまい，場の共有を楽しむことができる。最後に歌をうたうことで，わくわくしたりしんみりしたりといった情緒的なつながりを感じることもあって，区切りとなる。

【展開例②】

［場面1］
映画心理劇をすすめている途中で，早退する参加者にHは舞台上から「さようなら！それでは今日の月例会3時40分で帰ります。お身体を大切に。素敵な年をお過ごしください。さようなら」と声をかけた。

［場面2］
Hが出演者の名を沢山あげ，最後に「YとHがレギュラー出演するんです」と言った後の会話。

　Y「Mさんが質問があるそうです」
➡H「何が　ききたいんですか」
⇨M「HさんとYさんがテレビに出ちゃうと大掃除は誰がやるんですか？」
➡H「Hがやるんです」
⇨M「いつやるんですか？」
➡H「31日です。出演することになります。」
⇨M「大掃除はどこをやるんですか？」
➡H「窓ふきやります」
⇨M「1月1日は何をするんですか？」
➡H「お正月おせち料理を食べます」
⇨M「おせち料理お手伝いしますか？」
➡H「はい」
⇨M「何をお手伝いしますか？」
➡H「雑煮」

（その後，紅白歌合戦の司会や審査員の紹介などとニュースが続き，そのつど参加者との質疑応答を行った。）（2011年）

[小考察]

　場面1は，Hが監督として帰る人を位置づけた役割行為と考えられる。場面2では，Mの質問に素早く応答するHに感嘆し，参加者も質問に加わる。

　社会の出来事をトピックスとして発表するHに質問する中で，季節や実生活を夫々に感じることができた。相互のやり取りが活発化しHが参加者の自発性を高めたと考えられる。

　MがHに質問し会話をつなげる補助自我的な役割は，Hの答えやすさにつながっているが，これはHとの心理劇で補助自我訓練を積んだ成果と捉えられる。

❷ 心理劇状況におけるHの個性として捉えられること

① やることがあり，したいことを意識している：準備万端で参加し，したいことは必ず実現できると信じている（期待している）。

② 全員でやりたい内容である：全員に向けて伝えたい，全員に役割を付与して皆で劇を楽しみたいと望んでいる。

③ 人を大切にする。特に新しい人を大切にする。人をよく見て，覚え，役割付与することで，自分とその人との関係をしっかりつくる。新しい人には特にぴったりする役割（俳優名）を考える。知らない人にも物おじしない。久しぶりに来た人にもその人の名前を呼び，同じ俳優役割を付与したりなど，個を集団に位置づける。

④ 自分のしたいことができる場への信頼感がある：故松村康平先生が大好きで，信頼する人との出会いが基本にある。総監督が代わっても心理劇状況を維持する人への信頼は変わらない。

⑤ 楽しく愉快な気持ちを誘い，愉快な雰囲気を醸し出す（Hが得意そうに大らかに歌う時。Hの提案した劇に参加者が加わってHと一緒に旅の内容を創る時のわくわく感。Hが歌を提案して劇の終わりの雰囲気を良いものにして終わる時，など。）

⑥ 記憶が良く，思い出して教えてもらうことができる。研修会などにつ

いて質問するとすぐ答えてくれる。心理劇でしたことを帰り道に話したり，家の人（母）に伝える。
⑦ いろいろな感情を様々に表現している（多様な感情表出・細やかな感情も伝える）。自分の感情を飾らずに表出するので，とらえやすい。

3　総括的考察
① 映画心理劇の中に日常生活や社会の出来事も含めて展開されており，現実との連続性が認められ，他の参加者との共有可能性が広がる。他の参加者とチームで監督役割を担い，場面展開について選択・決定・相談するなどの経験が，人間関係の変化を楽しみ，変更などを受容れることへとつながっていると推察される。また，映画心理劇以外の心理劇場面にも参加し，新たな役割行為を体験して行為の可能性が広がる機会をもつことができる。
② Hが困ることはグループにとっても困ることである。やり取りを重ね，相互に関わり合い進展する経過において，困った状況の意味の転換が生じ安定し，先への希望につながる。個性的であることが他の参加者の自発性を発動させるきっかけともなり，グループ全体を活性化する。

④ 楽しみを舞台にのせて

（下郷康雄　2010，2011，2012「心理劇体験の効果と応用⒇⒇⒇」関係学研究　第38，39巻　抄）

● 2009年4月〜2010年4月

1975年4月以降，日本心理劇協会月例研究会に父子で参加している。今年は父親の老化とHの病気で，父親が弱気になることがあり，月例研究会では父子の進歩の遅れの解決方法を提案することが多くなった。この会には，監督や自発性の高い参加者がたくさんおられるので，弱気の提案も解決してくださるのに，あまり時間はかからない。会が終わって帰りの電車の中で「今日も参加してよかった」としみじみ思っている。　幸い月例会も研修会にも，休まずに参加しているので，父子とも大変恩恵をうけているので，幸運にも未来に向けて進むことができている。Hは相変わらず自分の課題以外への参加は苦手であるが，少しでも自分の提案したことが入れてあるときには，内容が深く広がってもついていけるので，途中で難しくて困った顔にはなるが最後は大変嬉しそうになる。この変化の速さには苦笑させられている。

1　心理劇でしたこと

1　【2009年4月　月例会】
［場　面］　映画心理劇『あの愛をもう一度』

Hは場所を岩手県盛岡市にしたいと希望を出して，盛岡までバスで行く。劇が進行していくと，自分の提案したことがたくさんでてくるので，真剣な顔になり，人の話しもよく聞いて，ついていくのも上手である。

> 場面の中で「S幼稚園の60周年」と話すだけで内容が提案できない。他の参加者から「とても懐かしいです…」と話しを広げられて，どうしても提案したかったことなので，ものすごく嬉しい顔できちんと聞くようになり，家に帰ってもこのことは母親に報告できる。

❷【2009年8月　研修会】
[場　面]　Hの提案した劇
　待ち時間が長くなると，今までためていたことを，一気に話しはじめるが，聞いている人には意味が分からない。待ち時間に，Hがボードに書き込んでいたので，それを利用して劇を作り満足させて貰った。

❸【2010年3月　月例会】
　久しぶりに参加された人が二人もおられ，Hは大変嬉しそうだった。父親の希望で，Hの提案するＴＶタレントの名前を，変更させる場面を多くして貰った。多少とまどいながらも，上手にやれたと思ったが，終わると疲れがでて居眠りをはじめて，ほかの人の劇に参加しなくなった。親の押し付けが，悪いと反省した。

❹【2010年4月　月例会】
　前日の午前1時ごろ発作を起こした。朝起きると，何時もと同じペースでたくさん食べて，何事もなかったように出勤した。翌日の月例会に出かける前に，決めてあった通りに自分から，公園にキャッチボールをやりに出かけた。しかし疲れたようで，月例会では，最初から居眠りをはじめた。Hの提

案を取り上げて貰ったが，欠伸の多い参加になった。しかし，自分の提案したことが次々と場面の中に出てくると，真剣な顔に変わり（目が覚め）劇の後半はほかの人についていけた。感想の中で，眠い人のことを考えながら劇をやれて勉強になったと言って貰えて，今日も参加できてよかったと思った。

- 現在，困っていること

［例］　心理劇に参加しても，自分の出番がないと思うと手抜きをして悠々と居眠りをする。

［例］　解体作業場

　　　Hには興味があるようで，立ち止まって「次はどうなるか？」を，質問してくる。案内板に書いてないときは，答えられない場合もよくあるが，Hには不安のようで機嫌が急に悪くなることが多い。機嫌が悪くなると，以前に問題を起こして注意されたことを，口に出しながら不機嫌な状態が何日も続くことがある。

❷　効　果

① 嫌なことを，心理劇の準備が忙しくて忘れてしまった。

［例］　作業所からの連絡帳に，月曜と火曜続けて作業中に急に不機嫌になりましたと書いてあった。火曜の帰宅後に，心理劇の準備をするが，真剣な顔で長い時間かけて完成させた。「終わったよ！」と親に知らせる時は満足して，二日間の不機嫌を吹き飛ばしていた。

② 仲間作りの進歩

［例］　長く一緒にやっていた友達が亡くなり，お通夜に連れていったが，待ち時間も，焼香もちゃんとやれるようになった。

❸　目　標

① 「やりとり」を上手にやれるように，今年も続けてやることにした。
　　心理劇でいろいろやって貰っているが，このことが一番苦手のようであ

る。日常生活の中で僅かに進歩しているので根気よくやることにした。
② 　状況判断して行動に結びつけることを，更に増やしていく。Hは苦手なこと，面倒なことを，巧みに手を抜くので，この対策を作る。

> ● 2010年4月～2011年4月
> 両親の老化から長男Hも一人で暮らさなければいけない時期が近くなり，両親が元気なうちに，Hの将来の暮す場所を見つけておく必要に迫られてきた。
> 入所の申し込みをして，待ち時間を利用してお泊り訓練をしてみた。会話が苦手なので不安だったが，指導して下さった方から，質問にはちゃんと答えていますと報告があった。心理劇でつけた力を出していた。

❶　心理劇でしたこと

1 【2010年4月　月例会】
　［場面］　部屋の中を歩いて回る。
　　どういう場所を歩くかを自分で決める。紙と鉛筆を取って絵をかくこともした。

2 【2010年5月　月例会】
　［場面］　自分の「今の心境」を体で表現する。
　　Hは順番がきたら，手をたたいていたが，補助してもらいながら楽しそうに演じていた。

3 【2010年8月　夏期研修会】
　［場面］　満点から始めよう。
　　何度もやったことがあるのに，その度に斬新である。この技法が広がる

といいと思っている。

夏の研修会は心理劇の基礎理論と「つながる」関係だったので，復習しながら新しいことを勉強できた。Hもいろいろやらせて貰い満足していた。

❹【2010年9月　月例会】
[場面]　映画心理劇『見上げてごらん夜の星を』

箱根へ行くことになった。温泉宿・商店街・登山が次々にでてくるが，こういうことにはうまくついていける。ロケーションの場所を決めましょうと話かけられると，自分の提案でないものはうまく答えられない。

❺【2011年1月　冬期研修会】
[場面]　絵本心理劇

一番苦手の「絵本の心理劇」で，みんな難しいテーマでついていくのに苦労させられた。Hも苦手な絵でも，補助者が上手なので真剣な顔でついていった。

2　効　　果

① 一人で外泊訓練

一時介護助成・宿泊をしている施設を一晩だけ使ってみることにした。両親が年寄りになったので，この訓練をしてみようと前もって説明はした。嫌な顔はしなかったが，ちゃんとした答えはなかったので，実施するまでは多少不安だった。

2011年2月に実施したが，施設で指導して下さった方からの報告では，① とても落ち着いていた。② 質問したことは，ちゃんと答えてくれる。③ カラオケで歌う曲の話や，歌手やアナウンサーの話を楽しそうにしてくれる。④ 薬もリュックから自分で取り出して飲める。ほかにも一人でできることを，知らせてもらい親はほっとした。

② 交通の不便な工業団地に行ってみたい。
地図を見せて，ここだと示す。不便な道を走っているバス会社の名前まで知っていた。道順を調査してやり，連れて行くと，帰りのバスまでの一時間を周りは畑と雑木林と少しの農家だけでも，真剣な顔で散歩する。父親の説明もよく聞く。（2010年12月）
③ 旅行先のホテルで，地元の長崎新聞を一面から終わりまで2回も丁寧に読み返していた。地図や案内書の見方が上手になった。（2011年5月）

● **まとめ**

心理劇に参加できる期間にたくさん身につけることや，必要なこともわかったので休まずやることにし，難しい場面設定のときも，やれるだけ頑張ることにした。目標も欲張らず，日常困ることを問題解決のテーマとして提案することにした。

● 2011年6月〜12月
> 1975年4月以降，日本心理劇協会の月例会・研修会に父子で参加していたが，今年の正月に長男Hが亡くなった。両親が元気なうちに，Hの将来の暮らす場所を見つけておく努力をしていたので，残念な結果になった。心理劇を最後まで楽しんでいたことを，報告します。

1　心理劇でしたこと

❶【2011年6月　月例会】
［場面］ ディズニーランド
　Hは観覧車に乗っていて，事故にあった人の役をやった。離れた所にいるグループが声を掛け合いながら，怖がっている人を助けた。二つのグ

ループがはっきり分かれていて，その間を無線連絡しあうと全体の状況が判明し，ハシゴ車が救助に来てくれた。Hは怖がる人の役の演技が分かり易い動作だったので，緊張した顔で縄も上手に使って演技していた。ハシゴ車に乗り移るとほっとした顔になった。

みんなと一緒に上手にやれたあとは，帰宅してからも上機嫌だった。

2 【2011年7月　月例会】
[**場面**]　M先生の「関係学と心理劇」のお話が難しくても，時々Hの姿が画面に映るので真剣な顔で大人しく最後まで座って聞いていた。

3 【2011年7月　月例会】
[**場面**]　Hの提案の「楽しいね」
「TVのアナログ放送は明日で終りです」を，楽しそうに報告していた。場面の中に「花いちもんめ」「かごめかごめ」の歌と遊戯を入れて貰って，にこにこ顔でやっていた。

4 【2011年9月　月例会】
[**場面**]　『栄冠は君に輝く』高校野球「小田原高対法政高」
夏期研修も休んだので，久しぶりの心理劇で少し興奮していたが，場面作りが上手なので，次第に落ちついた演技が出きるようになってきた。

試合の場面：ピッチャーとキャッチャーの役割は慣れているので，やり易かったようである。投げる時には，周りも静かになり，相手を良く見て演技していた。

Hはキャプテンになり，優勝旗を授与されて皆と「雲は湧き光あふれて……ああ—栄冠は君に耀く」を歌い，終わる。

5 【2011年9月　月例会】

［場面］　Hの提案した映画心理劇

待っていた順番がやっときたので，急いでしゃべり始めたが，補助の人が上手なので，すぐに落ち着いてやれた。終わったら満足した顔で，感想もにこにこ笑顔で聞いていた。

自分の番が来ないと落ち着かないので，親としては「待つことも上手にならないと，社会では暮らしにくいので，このことの解決」には頭を痛めている。

6 【2011年10月　月例会】

［場面］　物語を演じ，観る（童話などのワンシーンを再現し，観客は題名をあてる）

父親の「一寸法師」は，すぐにわかった。Hは物語の題名は言えるが，演じることはできない。

［場面］　『見あげてごらん夜の星を』　自分の提案の劇は張り切ってやる。

❼ 【2011年10月　月例会】

[場面]　Hの糖尿病対策

糖尿病改善の体操（向かい合ってするミラーをした）

ガムを30回噛む。その他もたくさん話題が出されたが，動作のついた説明は理解できることが多いようだった。話題が自分に都合が悪いと不機嫌になる。

[場面]　映画心理劇『楽しいね』

劇の中で「プロ野球の公式戦が終りに近づきました」と話したら，話題をプロ野球にして貰った。監督交代・ロッテ・オリックス戦は雨で明日が最終戦になりますという説明があると，Hも話し始める。好きなことにはうまくついていける。

❽ 【2011年11月　月例会】

[場面]　買い物

一緒に卵を買いに行って料理を作る。（Hは作業所でよくやっているので，細かいことまで演じることができた。）

[場面]　映画心理劇

年末の行事を創作していた。S大の文化祭を　毎年見に行くので，その事をみんなに伝えたかった。「Tテレビのアナウンサー・TさんがO市のスーパーアリーナで，司会をやられます」と話すが，他の人はTテレビを見ていないのでHは質問されて，困っていた。

この二つの場面では，監督の指示でよく動き，自分のやりたいことを興奮してやっても，補助の人に劇をうまくリードして貰いながら展開していくので満足していた。途中で帰る人には，「今日の月例会は3時40

分で帰ります。素敵な年をお過ごし下さい。さようなら。」と挨拶していた。

❾【2011年12月　月例会】
　［場面］　今年の月例会での自分のハイライト
　Hは自分の番がくると，嬉しそうに「一月にニュースといなばの白うさぎを踊りました。」と発表していた。いなばの白うさぎは，鳥取を旅行して以来興味をもっている。
　［場面］　Hの提案の映画心理劇
　最後の心理劇になったが，何時ものようにニュース・トピックス・天気予報・「翼を下さい」をみんなに助けられながらやれた。『翼をください』と『蛍の光』を歌い2011年の月例会を終了した。

❷ 効　果

① 急に不機嫌になる

　6月頃から段々少なくなり，家族は楽になった。落ち着いてくれると，人の話もよく聞くので糖尿病の食事療法の説明もしやすく，Hもよく理解していた。

② 家事手伝いが多くなった

　目標に向かって順調に進んできたが，Hが亡くなったら手伝う人がいなくて困っている。

③ 空想と現実のつなげ方が上手になった

　8月の心理劇研修会を休んだので，TV埼玉で知った，スーパーアリーナの建物を見物に出かけた。建物の前の広場で持参のお菓子を食べながら，この建物を使ったHの作る空想劇のことを，話かけてきた。

④ 冬の心理劇のこと

　冬の研修会に持って行くミカンとクッキーを揃えてやったら「夏の研修会を休んで御免なさい。今年からは，研修会は全部出ます，2012年1月7日に謝ってくるね。」と父親に話した。父親も会話を展開してやるのが，大変楽になった。

● まとめ

　家族の中心にいつもHをおいていたので，生活のリズムも乱れている家族を纏めるための人間関係を勉強したいので，心理劇の月例会には引き続き参加させてもらうことにした。

発刊によせて

Hくん，ありがとう

　　　　　　　　　　　　　　　　　　　　　春原　由紀

　Hくんとの出会いは，40数年前になる。その頃の私は，子どもの臨床を仕事にしたいと願っていた。大学院生として松村康平先生の児童臨床研究室に属した私は，これからどんな風に臨床活動にかかわっていけるのかと胸膨らむ思いであった。松村先生からHくんとの臨床にかかわるように言われた時，うれしく，張り切った覚えがある。

　その頃，Hくんとの活動は，お母さま担当が高橋先生，子ども担当が大梶先生。私は，何が何だか分からずに参加した。今思えば，私はHくんに即してかかわる（L2的）役割だったと思うが，実際どうしていいかわからず，ただ一生懸命，何とかHくんとつながろうと右往左往していた。そんな訳も分からずかかわる私を大梶先生は暖かく見守ってくださり，私の自発性を尊重してくださった。その後，母親担当が大梶先生，しばらく私は一人でHくん担当をしていたが，水流先生や土屋先生とチームを組んだ後，お母さまやお父さまとお話しする役割となった。その頃は，お母さまだけでなく，お父さまも交代で相談にいらっしゃることが多くなり，日常生活においてとらえられた課題をどのように考えたらよいか，どうしていったらいいかを2人で一生懸命考え，話し合ったことを思い出す。ご両親は若く未熟な私の意見を尊重してくださり，実際に生活で試みてその結果を伝えてくださった。その中で，私はご家族の大変さを知ることとなったが，決してめげることな

く前向きにHくんにかかわるご両親の姿勢から多くを学ぶことができた。

　大梶先生とチームを組んでいたころ，小学校から，普通級では難しいのではとの声が上がり，2人でM市の小学校まで伺ったこともあった。難しい状況の中で何とか学校にわかっていただこうと努める大梶先生の姿勢から学校との連携について学ぶいい体験となった。

　Hくんとのかかわりの中で，学んだことはたくさんあるが，「つながる」ということに関して強く私に残ったことがある。その頃私は，「つながれない」ことに悩んでいた。そんな時松村先生が「床ではつながっていますよ」とポツンとおっしゃった。その時，ハッと気づいた。私は，「つながれない」と，できないことに焦点化し，何とかできるようにするにはどうしたらいいかばかりを考えていた。でも，床ではつながっている。そして，音や，物，状況ではつながっているとの実感は私を安定させ，余裕を持ってかかわれるようになった。できていることに気づき，できていることを広げながらかかわるという姿勢，否定的にとらえるのではなく，肯定的にとらえるという在り方は，私の臨床の基本姿勢となった。

　Hくんが中学生になったころ，私は，Hくんにとっては苦手であろう集団における行為の幅を広げることを目的に，そのころから第2・第4土曜日に開催されていた心理劇研究会への参加を提案した。初めて心理劇研究会に参加した時のHくんは，他者からかかわられるとプイッと横を向いてしまったが，その場に参加していることができたことがうれしかった。

　研究会・研修会で監督をなさっている松村先生のHくんへのかかわり方は私にとって驚きであり，多くの発見をもたらすものだった。松村先生は，今ここでHくんに必要なかかわりを徹底なさった。必要だと判断すれば，実現できるまで徹底してかかわる。中途半端に終わらせることはない。そうしたかかわりは，補助自我の役割をとって直接Hくんにかかわる者たちにとっての厳しさでもあった。私たちは，Hくんとかかわりながら臨床的に養成されていったのである。そして，Hくんと先生との間にゆるぎない信頼関係が成立していることは私にとっては大きな驚きであり，喜びでもあった。

　Hくんは夏・冬心理劇研修会にも参加した。お父さまのお話では，Hくん

は参加を楽しみに，ずいぶん前から準備しているとのことであった。心理劇の集団の参加者一人一人，全員を尊重しながら活動が展開される心地よさをHくんは楽しんでいたと思う。全員参加の心理劇で生き生きとふるまうHくんの姿は，そこに参加していた者たちにとって忘れられないものである。

　Hくんは思いがけず旅立ってしまった。私は，Hくんとのかかわりの中で学んだことがいかに大きかったかを改めて感じている。ご冥福を祈るとともに，心から「ありがとう」と感謝を伝えたい気持ちでいる。

Hさんとの思い出

水流　恵子

　私はHさんとO大学家政学部児童臨床研究室の活動で出会いました。当時は松村康平先生のご指導の下，集団指導や月例心理劇研究会，看護研究会，臨床研究会など多くの活動が展開していました。大学を卒業後，もう少し学びたくて教務補佐員として研究室に残り，いろいろな活動に参加させていただきました。小学校高学年だったHさんはお父様と一緒に臨床活動に参加なさっていました。そのころのO大学の周りには，印刷屋，文具店，そばやなどの個人商店が残っていて下町の雰囲気を漂わせていました。

　当時のHさんにとっての目標は，活動を外に広げること，社会的な役割（お客さん）を担い，ふるまうことだったのでしょうか。Hさんと一緒に大学の門を出て，近くのお店まで買物に行った覚えがあります。私は臨床活動に参加してすぐの頃で，役割を果たすことに精一杯で，細かいことは忘れてしまいましたが，一緒に走るようにしてお店に行き，目的を果たして研究室に帰ってくると二人でホッとしたものです。

　私は数年の間，研究室の活動や心理劇に参加できない時期があり，久しぶりに心理劇研修会に参加したときのことです。久しぶりの参加で私は非常に緊張していました。研究活動や課題を明確にして集団活動に参加するという場から遠のいていたからです。

私は緊張して研修会に参加していたのですが，全員参加の心理劇でHさんの場面設定による心理劇が始まりました。Hさんは用意してきた脚本をもとに場面を設定し，真剣な表情で，参加者に役割を付与していきます。参加者一人ひとりのお人柄に合う，「あー，なるほどね」と，見ている人に思わせるような役割が付与されていきます。

　久しぶりに心理劇に参加した私は「どのような役割だろう」とドキドキしながら待っていました。役割を与えられたときは，この場に，集団に，確かに位置づけてもらえた感じがして，とてもうれしく思った覚えがあります。役割を創り，付与することと役割を付与され，演じることの喜びを共有できる瞬間でした。そして「Hさんは私のどこをとらえてこういう役をイメージされたかしら？その役に合うようにふるまうことが出来るかしら？」などと思いながら参加しました。その後は，できるだけ心理劇の研修会に参加するように努力し，学び続けることが出来ました。

　心理劇研修会は様々な場所や会場で開催されました。Hさんは研修会で，時に会場から外に出て過ごすことがあり，そのような時に一緒に過ごしたことがあります。会場の外にいるけれども，活動が続いていることはわかりながらいて，帰るべき時は決まっているようでした。「初めての場所だから迷ってしまっては大変」という思いから一緒にいようと思っていた私にとって，一緒にここにいることが大切で，それはとても良い時間に感じられました。心理劇に参加しよういう人をとてもうれしそうに大切に迎えていらした，そして離れていてもつながっていると感じさせてくださったHさんと恩師である松村康平先生の姿が重なります。心理劇の研究会・研修会のお知らせと活動に参加してのお礼をきちんとしてくださったHさんを思い，御一緒に活動できたことに心から感謝の気持ちを述べたいと思います。

私と心理劇とHさん

宮川萬寿美

　40年前，今思うとなんて生意気で大胆な学生達だったのだろうと思うが，臨床研究室の月例会では，心理劇の中で何とかHさんに「はっと」してもらおう（させよう），「えっ？」と注目してもらおう（させよう）と4年生が様々に企んだ。TVの漫才をやってみたり，手品を仕入れて練習したり，早口でしゃべったり，あるいは　手のダンスで誘ったり，とにかくいろいろ試した。松村先生もそんな企画を面白がっていらしたようで，「同じように動くといいですね」「そらH君と同じ声を出して」「面白いお姉さんたちだね」等，おっしゃっていた。Hさんと同じように動くと建物がゆれ，3人ものったらベランダはミシミシ，だいじょうぶかなと本気で心配したものだ。

　初めてHさんに返事をもらった場面は「どんな食べ物が好き？」ということを4年生がお茶を飲みながら，機関銃のように喋りあっている時で，Hさんが突然振り向いて「カレーです」といった時は，通じるとはこういうことか，と実感したこと，そして今もその場面が目に浮かぶ。大きい背中だった。Hさんは聞いていないようで聞いていて，見ていないようでちゃんと場面を見ていて彼なりのサインをいっぱい出していたのだろうが，まだそのころはよく分かっていなかった。たくさんの情報が入ってしまい，そのことで生きにくのだ，と思いはじめるのはもっと後である。

　K大で心理劇が始まってしばらくしてから参加できるようになり，そこで気が付いたHさんの変化がある。劇の配役で「沢口靖子さんの役をしたいんです」と彼の意図と違うことを言うと，「沢口さんは今日はお休みです」とかわし，対面してだめとは言わないこと。また，「高畑淳子さんお願いします。」と言われ，「高畑さんは何の役ですか？」と聞くと「旅館の人です」と俳優さんと俳優さんの役割を二つ一緒にイメージしていたこと。話合いの場面で，自分の番を待ちながら「お勉強ですね」「お勉強しています」とその場の内容をきちっと捉え，自分の番を待っていたこと。映画心理劇の中で

場面設定等は社会の動きに合っていて,「福島に行きましょう」と世の中の動きに関心があったこと等, その時その時のつぶやきや目線の先には, 全体を捉えて参加者として自立している姿があった。

　私は心理劇をすること自体が楽しいし, 好きである。心理劇をすることで「あーこんな気持ちになるんだ」とか「すっきりした」「なんだか暗い気持ちになった」などその時の感情体験を大事にしたいと思って参加することが多い。反面,「(再現的な) 問題解決のための劇」や「○○な態度を身に着けるため」のロールプレイはちょっと苦手である。

　月例会での心理劇では, それぞれの課題は課題としてありながら, 直接的な課題解決ではなく, 心理劇で体験したことを余剰現実とし, 実生活での課題と対応的に捉えていくことで, 今ここの体験が現実的に生かされていく, ということを実感している。

　例えば, 体を動かしたい, という下郷さんの出した課題に対して, 散歩の道筋をなぞりながら, そこで出会った人が「体操すると気持ちいいですよ」と声をかけあい, 腕を伸ばしてみましょうと言っていると, Hさんも一緒懸命腕ふりをする場面展開になったことがある。

　また, 宇宙での劇では, ゆっくり動いたり, 大きく動いたりする中でいつの間にか, いつもと違う体の動きをしている場面もあった。満天の夜空を見たり, 海に潜ったり, 砂漠で足が"あちち"となったり, 現実では経験できないが, 心理劇の中で体験を広げたことはたくさんあり, いつのまにか○○が経験されている, できていると思うことがある。

　私は2001年から, 民間の発達支援の場所で発達障害をもつ子ども達と臨床をする機会をもっている。そこで心理劇的な場面の展開もしているのだが, 内容は月例会でのHさんのアイディア拝借で, なかなか人気である (と私が思っている)。例えば, 天気予報, 街頭インタビューごっこ, 外国に行ってみよう, タイムマシンでどこかの時代に行こう, 紙芝居の発表等である。天気予報で, すぐ台風を呼んでくるB君, 江戸時代の「下にい, 下にい」が好きで, 大名になりたがるC君, クリスマスで混んでいるデパートに「何を買いましたか」とインタビューするD君などは, どの子も現実ではなかなか

人との関わり方が不器用でへたくそなのだが，心理劇的な状況の中では，ユーモアの混じったやりとり体験が実現していると思う。練習や訓練ではないことが重要なんだ，と実感している。

自分の生活や仕事がかわり，心理劇には参加したりできなかったりで，このところのびやかな心理劇体験ができていないのだが，こうして書く機会をいただいて，心理劇や臨床は本当に自分の一生のことだなあ，と考えることができた。研修会を継続して下さっている皆さんに感謝でいっぱいである。

Hさんと心理劇とわたし

小野眞理子

心理劇活動におけるHさんの長年のご功績を想い，心から感謝申し上げます。言語発達臨床研究を志す私は，大学院生時代より心理劇月例会・研修会に参加し，Hさんに，多くを学ばせていただきました。

はじめて下郷さんにお会いしたのは1971年，O大学児童臨床研究室で第2・4土曜日に行われていた心理劇月例会です。同大学言語障害研究室の田口恒夫先生に勧めていただいたのが，参加の契機でした。当時を想い返しますと，心理劇研究会では黙って観客でいるわけにはいかず，演じたり監督したりしなくてはならなくて，実はそこが成長の要なのですが，私には苦手でした。毎回緊張し，思うように動けなくて，逃げ出したい気分でした。

それでも続けられたのは心理劇の有効性と意義に気づいたから，ということは言うまでもありませんが，一つは松村康平先生のお話でした。私にとって新しい価値観・理論・在り方に出会えたと感動し，自分の苦手意識に蓋をしてでも関係学・心理劇を学ばざるを得ませんでした。

そして二つめが参加者の主体性・能動性です。どの参加者も参加動機を提示した上で，共に振舞いながら，課題を発展させる。この2点を含む心理劇活動関係状況に，自己都合で休み休みではありますが，参加させていただくようになりました。そこには松村康平先生とおふたりの下郷さんが必ずおら

れました。月例会は私が存じ上げているだけでも40年以上月に2回行われ続けてきたと思われますが, 下郷さんにお会いしない日はありませんでした。

かつて月例会で学んだ中から3場面を以下に書かせていただきます。なおずっとHさんを「H君」, Hさんのお父上を「Sさん」と呼ばせていただいてまいりましたので, そのように書かせていただきます。

● バトンリレー

1972年頃のことです。「運動会でバトンが回ってきた時に, バトンを次の人に回す, くれた人に返す, がありますね。」と, 月例会で松村先生がおっしゃって, 空気のバトンを回しはじめられました。参加者7～8名が丸い輪を作って内向きに座り右隣に回し始めると, H君が止まって左右のどちらに回そうか, と迷っている様子が見受けられました。右隣の人が軽く手を動かすと秀君は気づいてバトンを右隣に渡す, こうしたことが何回かありました。

次に, 両隣の人と手をつなぎ, 数回手を握るという信号を左から右へと送る課題をしました。信号を送った人に送り返す場合と, 左隣から来た信号を右隣に送る場合を感じながら, 右隣に送りました。その後の月例会では空気のボールを使う「ローリングテクニック」を多様に展開させるようになりましたが, このころのH君は既に, 送る方向で迷うことはありませんでした。実は私は, 迷っているH君に出会って感動したのです。同時に, 当然のように一方向に動いてしまう自分に気づきがっかりした一瞬でもありました。H君は二つの方向の可能性に気づき, 迷うことができるのだ, と感動したのです。松村先生とH君に学んだこの一瞬は「発達」とはなにか, を問い直す私の「始動点」でした。

● 行って帰る心理劇

月例会や研修会の前必ずH君は, 監督する心理劇の準備をしてこられました。観光バス会社名, 集合場所, 登場人物と配役など綿密に計画をたて, 当日を迎えておられました。登場人物に配役された人物がお休みの場合は「～

さんお休みです」と丁寧に言ってくれました。参加者はバスの運転手や乗客になって，H君が指定してくれた駅に集合し，旅行に出発するのです。旅行先で何をするのか考えるのは役配された参加者で，おいしい名物を食べたり，温泉に入ったり，お土産を買ったり，海水浴をしたり十分楽しませてもらいました。H君も旅先で何か購入し，Sさんから「全部でいくらでしたか？」と訊かれたりして，たちまち暗算で購入金額を得意気に報告していました。旅先の宴会では，舞台の上で演歌を熱唱し会場を沸かせました。たいてい最後に，下郷さんが用意してくださるみんなで歌う歌の歌詞を手にして，松村先生もご一緒に合唱したものです。その後みんなでバスに乗り込み，帰還します。感想を聞かれて，「温泉に入りました。～に行ったね。」というH君の目には輝きや，達成感が感じられました。

　当時私は，H君の「行って帰る心理劇」を「H君絵本」とひそかに命名していました。「H君絵本」の時間が来ると，みんなでH君監督の話を真剣に聞き，たいていはバスに乗ってその世界に行って，1頁1頁のお話を創造していって，またバスに乗って帰ってくる。これは「共に創る絵本」でした。一度でもその絵本の世界に参加すると，H君から，誰もがなるほどと共感する的確な歌手やテレビタレントの役割をプレゼントしてもらいました。そしてその後の月例会や研修会では，たとえ暫くぶりでも，H君はあの時と同じ役割で呼んでくれたのです。おかげで時間と空間を飛び超えて，今ここで新しく共にお話づくりができました。

● 　松村康平先生「行為しているときは勾配関係を感じない」

　言語発達研究を志す者として私はH君の言葉の発達に関心を持っていました。その基準となるものは言語の語彙数や文法構造，意味性，応答性，語用論的側面などで，それらは，発達の方向や言語治療者と被治療者の勾配関係を際立たせるものです。ただ，月例会や研修会に参加して私は，次第にこうした関係に違和感を感じ，研究の視点を変える必要を感じていたのです。

　そして，1993年1月の研修会で松村先生が上記のように話され，私の研究の方向ははっきり変わることになりました。当時の記録は日本心理劇協

会「心理劇」1993 に，以下の松村先生のお話として整理されていますので，引用させていただきます。

「出会っているというのは接在していること。こちらがいるから向こうも変わって，向こうがいるからこちらも変わる。その変化状況から出発して，それをどう広げたり，高めたりして，そこに参加している個人が発展しているかが課題である。その発展の仕方が，個人によって違うことがある。基本は共通なものがある，というのが，ここでの心理劇の考え方としてある。」「創造性・自発性が働くところでは，勾配関係はない。」

この研修会の後，接在共存関係状況を構成する存在や動作や行為という『言葉』を研究対象とすること，自己・人・物の関係状況を促進する行為として『言葉』をとらえる必要があると意識するようになり，現在に至っています。以上の3場面を振り返ると，今の自分があるのは下郷さんと松村先生と心理劇があってのこと，と改めて気づきました。重ねて感謝申し上げます。

Hくんがいてくださって学んだこと

浜田　駒子

● **自己紹介のワーク**

心理劇の最初に自己紹介のワークをすることがあります。

あるとき，Hくんもいて円形に腰掛けて自己紹介を始めました。

一人が自己紹介をします。すると隣に腰掛けた人がそのひとの話したことを「この方は○○さんです。趣味は……」などと，その方の言ったことをなぞります。自己紹介する人は，隣の人の受け取りも考えずに，自分のことを，早口に，つい，長く喋ってしまいがちになります。その時，松村康平先生は『Hくんにわかるように』とおっしゃいました。H君がいてくださると，『Hくんにもわかるようにゆっくり，適当な分量の話をしなければいけない』と意識して話します。これは，H君一人のためではありません。私がこれから出会うであろう多くの人，一人一人を意識してとらえ，その人に合った伝え

かたをしなければならないということを学ぶためでした。

● 片方の目で泣く

　私たちは心理劇をしていて想像のバスにつながって走っていました。

　遠い昔のことです。Hくんがいくつのころでしょうか？　Hくんは心理劇で，言葉を覚え，かかわり方を学んでいるとお父様からお聞きしました。

　そのころのことです。みんなでバスにのっていますと，Hくんが絵を描いたのです。「何を描いたのかな？」松村康平先生がそばにしゃがんでHくんの言うのをきいていらっしゃいました。突然,先生がお泣きになったのです。しかも，片方の目だけ泣いていらっしゃいました。

　Hくんはその頃，この絵はと訊かれると「ボンネットバス」といつも答えていました。その日は「二階だてバス」といったのです。

　新しいことをすることの少ないHくんが新しいことを言ったので先生は嬉しくてお泣きになったのでした。

　けれども，涙に浸っていたのでは心理劇から離れてしまいます。そこで，片方の目で泣き，片方の目でしっかり状況をとらえていらっしゃったったのです。心理劇では泣いてもいい，しかし，泣くことに埋没せず，状況をしっかりとらえていなくてはならないとこのとき私は学びました。

● Hくんの心理劇

　Hくんは日本心理劇協会の夏冬の研修会の度に心理劇を前々から考えて書いて来ました。天気予報，トピックス。そして次の心理劇では，役割を付与し，始めの場面と終わる場所が決まっています。しばしば東北の都市が選ばれておりました。移動はバスです。バスも○○観光バスと名前が決められていました。私たちは付与された役割はとりますが，それから先は自由に劇をつくっていくことができます。どんな劇になるのか，内容や展開は私たち参加者にまかされているのです。参加者の自発性と創造性を育て，接在共存状況の生まれやすい場面が用意されていました。

　心理劇に初めて参加した人は気おくれしてしまうこともあります。場面を

新しくしていいのかどうか，躊躇してしまうこともあります。
　あるとき，松村先生が「始め3人出てきてください。その3人で話しをしているうちに3人の関係が観客にあきらかになるでしょう。それからどこかに移動して劇を続けます。」とおっしゃいました。
　Hくんの劇はまさにこの道筋にそっています。
　研修会は心理劇に初めて参加なさる方もありましょう。Hくんはどなたでも入りやすい心理劇を目指しておられたのですね。きっと。
　Hくんはご自分の考えた心理劇をするときは本当に嬉しそうなお顔をしていらっしゃいました。いまでもどこかで周りのみなさんとご自分の考えた心理劇をしていらっしゃるでのではないでしょうか。感想を一人一人きくのも堂にいったものでした。なにしろ何十年も心理劇をしているのですから。私も，もし，どこかでHくんの心理劇に参加したら，早速バスに乗りましょう。そして，バスの運転手さんに訊きたいと思います。「あなたのお名前は？」ニヤニヤして（ニコニコの書き違えではありません）きっと，「宮脇康之！」とこたえてくださることでしょう。そんな出会いを心から望んでいます。

Hさん・下郷康雄さんと絵と心理劇

野口　優子

　1983年から子育てしながら制作活動をし，1985年に浜田駒子先生と心理劇に出会い，1996年頃から日本心理劇協会月例会に参加しています。作品が粘土から鉄屑の人型オブジェ制作に変わりはじめた頃，G美術協会美術展へ下郷さんとHさんが展示会に来て下さり，Hさんから「絵がいっぱいあった」と，御礼の手紙（心理劇のシナリオ：幼稚園卒園式の招待状）をいただきました。
　1997年2月に，松村先生をはじめとする月例会で，下郷さんより「創作活動をどのようなものかHに解るように説明してほしい」とあり，取り組むことになりました。ラシャ紙工作（手で破いてバラバラにしたものをホチキ

スで止める）を用意し，Hさんが青い色を選び次々につなげ「電車」とタイトルが付けられています。Hさんは，楽しそうにホチキスを使っていたことが大切だと思います。電車に乗るのはHさんの心理劇では必ず笑顔になる場面です。ホチキスを使ったことは家（日常）ではどうかと気になり，下郷さんに伺うと「針が無くなったことで終わっています」と聞き，安心しました。このことから人と一緒にかかわりながらできるアート活動に発展していきます。ただしHさんの自己表現「絵」への取り組みは時間をかけての課題となっていきます。

「絵を描くこと」の主な活動は，「折り紙で遊ぶ」を経て，「1998年10月『ものの大きさを正確に描く』始めの心理劇として」では，松村康平先生の指導のもと緊張した雰囲気があり，次に楽しい心理劇があることが救いです。

「1999年8月『皆で顔を描く』始めの心理劇，補助者あり」では，Hさんが皆に色の選択を指示した『顔』の絵は，堂々とした自画像のようで，『汽車』は皆が一つになって，今にも走り出しそうな元気な感じがします。かかわりながらの創作活動の起点となっています。

「2002年12月『クリスマスプレゼント』すれ違った子と同じ帽子が欲しい」では，感想場面で絵を描きその絵から帽子の形と色が皆に伝わりHさんが笑顔になります。描きたいサイン（空中でなにか描くように指を動かす）に，気づき，紙が用意されて，描くことに興味をもてたのだろうと思います。

「2003年4月『マジックショップ』花瓶の水が涙で」では，松村先生がおみえにならないので寂しいという人のつぶやきを聞いて，絵をなぞり，消して直すなど真剣に描いています。また日常的に通う店にあるものを説明しながら描いています。

「2003年6月『遠くへ行きたいです』福島県」では，下郷さんが「森の中を歩いてみたいね。森を描こう」と誘うと，Hさんが笑顔になり，森の色を選び描きます。「H君はどこに？」と聞くと，「ここ」と絵の中心を指し，それぞれ森の絵の中に自分の場所を決めて出会いの場面の劇となっています。下郷さんの一言がHさんの活動の起点となっています。HさんはOさんへ「どこへ来ているの？」と誘いかけ散歩する場面が創られています。絵と

心理劇が一つに。

「2003年8月『つなげて描くリレーアート』始めの心理劇」では，クレヨンを用意し一斉に描くと，力強く，勢いのある木の絵になり素材の特質があります。

「2004年6月『絵の具を垂らす』始めの心理劇」では，Ohさんの掛声「ソーレ」で順番に絵の具を垂らすと，もやもやとした雲のようになります。「何に見えるかな？」とクイズのようになり，「ねこ」と言葉が出て髭や耳を描くことで形がはっきりしてきます。皆が一点に集中し，小さな絵も達成感があります。Hさんは数日後も『猫をかいたね』と言葉にし，家でも猫を描いていると下郷さんより報告があります。

「2004年9月『ロケットに乗って』旅行（家・ロケット・山）」では，感想で「ロケットになったんです」と笑顔で話し，家と山の絵は持ち帰ります。絵は何枚かハガキにし，友達にプレゼントしたいと名前を書き，病の人に届け喜んでいたと報告があります。絵が外へ歩き出しました。

「2004年12月『楽しいね，蛍の光である』年賀状を描く，2枚1組」では，Hさんの心理劇に出てくる俳優さんの一番のお気に入り女優さんを描き新年の挨拶を別紙に描き対にして完成しています。届けたい人の名前があり，下郷さんに聞いてみると，近所でお世話になっている人とのこと。

「2005年7月『畑で歌う。スイカ割り。ダンス』自由に描く，サインする」では，牛・馬・羊・猫を描き羊を残し持ち帰ります。「どの絵がすき？」絵は「これと（牛），これと（馬），これと（羊），これ（下郷さん）」と笑顔で指さしています。「その通り」皆が笑顔になり分かち合います。

ご一緒して下さった皆さまにお礼申し上げます。

先に旅立たれました松村康平先生，Ohさん，そして1月に逝かれましたHさんへ，心よりご冥福をお祈り申し上げます。

編集をおえて

　本書の第1部「楽しみながら，気づき・変わる」は，すべてHさんのご両親の手で書かれたものである。特に，①から⑤までは，それぞれの項に記したように，お父様の下郷康雄さんが，1982年から2013年までの間に，日本関係学会，日本心理劇協会関連の会誌ほかで発表されてきた初出原稿に基づいて編集されている。トップにあげた＜松村康平先生と歩んだ私たち親子＞の初出は，2004年に発刊された「関係学研究32巻第1号－松村康平先生追悼号」に下郷さんが投稿された＜楽しみながら気づき・変わる―松村康平先生との私と長男Hの38年―＞である。これを読んでいただければ，Hさん親子のひととなり，過ごされてきたご家族の生活の姿勢，心理劇という集団体験のもつ意味などが私たちによく伝わってくるのではないかと思っている。

　第1部は，私（武藤）が原稿の整理を担当させていただいた。原稿の発表先が異なっていたために，Hさんが育つ過程などが重複して書かれていた部分もあったのでそれを割愛し，また文中の固有名詞をイニシアルに変えたほかは，ほぼ一字一句原文通りに掲載させていただいた。編集の最後に下郷さんに点検していただいた時にも修正されることはなかった。

　下郷さんはいつも「先生たちが書け，書けって言うものだから…」と照れたように発表されていた。ご家族がHさんと歩まれてきた長い年月には，心が揺さぶられる日々も少なくなかったかと推察されるが，その記述はいつもまわりへの配慮を欠かさず，あくまでもご自分達が体験された事象に即してむしろ淡々と語られている。しかし，心理劇に参加された場面では，他の参加者もそうであるように，Hさん親子が問題や悩みとして出された数々の個別事象が，具体性をもってその日のテーマとして劇化がなされて，参加者の気づきや発見として体験が共有されてきたにちがいない。そう思うと，下郷さんの記録は，Hさんを中心とする個別事例でもあるようでいて，実は心理

劇という技法が，時代の変遷をくぐり抜けてなお果たし得る役割をもつことの＜あかし＞を私たちに示していただいたとも言えて貴重である。

　40年余りの歳月を，Hさんと共に心理劇を楽しんだ想像もし得ないほどの数の人々の一人として，また本書に原稿の掲載を快諾してくださった下郷康雄さんに心からお礼を申し上げます。（武藤安子）

　遥か昔，心理劇研修会で「嫌です！全員でやりたい」とHさんが初めて反論した時，私は彼の補助自我でした。楽しみに自分の出番を待っていたのに，松村先生（総監督）から「時間が無いからきょうは小グループで」と言われ，私も心底憤慨しましたが，これも技法だったのかな？と，思い出すたび可笑しくなります。また，本書の中で監督が「Hさんに分かるように話しましょう」という場面がありましたが，私は「普段通りに会話してください」と指示されたことも印象に残っています。私にとってHさんはいつも隣にいる人でした。

　Hさんが亡くなられた翌年の日本関係学会第35回大会(2013年)に「心理劇研究会における個の役割」を土屋明美（監督）と参加者の共同研究として発表しました。その後，私は，本書の編集作業に携わり，これまでの心理劇の積み重ねをまとめて，Hさんと一緒に創った心理劇に新たな意味を見出すこともできました。土屋，武藤さんとの編集作業はワープロ時代の文章を電子化することからはじまり，目次の構成や分担をどうしようなど，何度も打ち合わせが必要でした。メールでのやり取りも数えきれません。関係学的に三者の編集とするという方針から私まで編者に名を連ねていただき大変光栄です。

　Hさんが監督をした「映画心理劇」の録音テープには，いつも賑やかな笑い声が入っています。この心理劇が一緒にできない日が来るとは，迂闊にも想像していませんでした。本書を開いて，多くの方々が，Hさんとご家族の誠実な生き方や，Hさんがいてこそできる楽しい心理劇の雰囲気を感じていただければ幸いです。（小里國惠）

私はHさんと同じ時期に心理劇を始めました。心理劇研究会や研修会で彼が何を準備して披露してくれるのかが毎回楽しみであり，そのおかげで今まで心理劇を継続することができました。どちらかというと後ろに引っ込んでいることの多い私ですが，彼の補助自我になるとそういうわけにはいかず，彼が堂々とグループに働きかける時などに補助自我役割をとることで，はっきりと大きく行為することを訓練されたように思います。映画心理劇はHさんを大切に思うグループのなかで育まれてきた心理劇の方法であり，いわば彼の特許ともいえる方法です。しかし，今回編集作業を進めるなかで，個人の世界をグループが共有しながら新たな世界を創造するという点において，まさに心理劇の真髄を表しているのではないかと思うに至りました。この点について十分に表現できたとはいえないかと危惧いたしますが，これはひとえに筆者の力不足によるものであり，読者の想像力で補っていただければ幸いに存じます。

　映画心理劇に参加し新しさを創る過程を共有した日本心理劇協会，日本関係学会，他多くの皆様に深く感謝申し上げます。心理劇の舞台である会場を提供していただいたお茶の水女子大学，玉成保育専門学校，鶯谷さくら幼稚園，また現在もご協力をいただいている共立女子大学の関係各位に感謝いたします。

　下郷氏の記録は，生活者としての親の視点とHさんのために心理劇をなんとか使いこなしたいという探求者の思いの相俟った貴重な実践記録であります。一時も無駄にせず記録を丹念に残され，掲載にご快諾いただいた下郷氏に改めて感謝申し上げます。「発刊に寄せて」には，Hさんと心理劇についてそれぞれの学びの視点からご寄稿いただき，ありがとうございました。

　ご助言をいただき，きれいな本に仕上げていただきました，ななみ書房の長渡晃氏に感謝申し上げます。（土屋明美）

● 文献 　　　　　　　　　　　　　　　　　　　　　　　　　　　　　　　　　　（*印は本文に掲載）

＜下郷康雄氏　業績一覧＞

年	タイトル	サブタイトル	掲載誌	ページ	
1982	私達親子の心理劇との出会い		関係学研究第10巻第1号	p.101	*
1983	心理劇と生活とのつながり1		年報「関係学」第5号	p.5～7	*
1984	心理劇の職場での効果の具体例2	一情緒障害者教育としての試みー	関係学研究第12巻第1号	p.81～83	*
1985	心理劇の職場での効果の具体例	一情緒障害者教育としての試みー	相談学研究 Vol.18 No.1	p.33～36	*
1985	心理劇の生活面での活用の具体例3	一情緒障害者教育としての試みー	関係学研究第13巻第1号	p.99～101	
1986	環境変化に対応するための心理劇の活用		関係学研究第14巻第1号	p.100	
1989	心理劇体験の効果と応用5	一情緒障害者の教育への試みー	関係学研究第17巻第1号	p.102～105	
1992	心理劇体験の効果と応用	一情緒障害者の「現実と想像」の問題への試みー	関係学研究第20巻第1号	p.82	
1993	心理劇体験の効果と応用	一情緒障害者教育への試みー	関係学研究第21巻第1号	p.70	
1994	心理劇と家庭教育		関係学ハンドブック	p.132	*
1994	心理劇体験の効果と応用	一情緒障害者教育への試みー	関係学研究第22巻第1号	p.66	
1995	心理劇体験の効果と応用	一情緒障害者教育への試みー	関係学研究第23巻第1号	p.66	
1996	私達親子と心理劇		心理劇・集団心理療法・ロールプレイング	p.31	
1996	心理劇体験の効果と応用	一情緒障害者教育への試みー	関係学研究第24巻第1号	p.36	
1997	心理劇体験の効果と応用	一知的障害者教育への試みー	関係学研究第25巻第1号	p.40	
1998	心理劇体験の効果と応用	一知的障害者教育への試みー	関係学研究第26巻第1号	p.44	
1999	心理劇体験の効果と応用	－25年間の歩みー	関係学研究第27巻第1号	p.59～65	*
1999	心理劇体験の効果と応用	一知的障害者教育への試みー	関係学研究第27巻第1号	p.92	
2000	心理劇体験の効果と応用	一知的障害者教育への試みー	関係学研究第28巻第1号	p.138	
2001	心理劇体験の効果と応用	一知的障害者教育への試みー	関係学研究第29巻第1号	p.58	
2003	心理劇体験の効果と応用(17)	一知的障害者教育への試みー	関係学研究第31巻第1号	p.90	
2004	楽しみながら気づき・変わる	一松村康平先生との私と長男Ｈの38年ー	関係学研究第32巻第1号	p.143	*
2004	心理劇体験の効果と応用(18)	一知的障害者教育への試みー	関係学研究第32巻第1号	p.162	
2005	心理劇体験の効果と応用(19)	一知的障害者教育への試みー	関係学研究第33巻第1号	p.54	
2006	心理劇体験の効果と応用(20)	一知的障害者教育への試みー	関係学研究第34巻第1号	p.6	
2007	心理劇体験の効果と応用(21)	一知的障害者教育への試みー	関係学研究第35巻第1号	p.30	
2008	心理劇体験の効果と応用(22)	一知的障害者教育への試みー	関係学研究第36巻第1号	p.62	
2009	心理劇体験の効果と応用(23)	一知的障害者教育への試みー	関係学研究第37巻第1号	p.50	
2010	心理劇体験の効果と応用(24)		関係学研究第38巻第1号	p.30	*
2011	心理劇体験の効果と応用(25)		関係学研究第38巻第1号	p.52	*
2012	心理劇体験の効果と応用(26)		関係学研究第39巻第1号	p.52	*

● 文献 (* 印は本文に掲載)

＜引用文献＞

著者	年	題目	出典	
小野眞理子	1998	心理劇における言葉	関係学研究第26巻第1号 p.50	
土屋明美	1991	想像と現実の狭間に―状況療法としての心理劇における現実・余剰現実―	日本心理臨床学会第10回大会発表論文集 p.264	*
土屋明美・中村忍	2009	共に育つ心理劇の実際	日本心理劇学会第15回大会発表抄録	
土屋明美・小里國惠・宮川萬寿美・中村忍	2013	心理劇研究会における個の役割	関係学研究第39巻第1号 p.80	*
野口優子	2013	日本心理劇協会月例会において育ちあうこと	関係学研究第39巻第1号 p.78	
松村康平・土屋明美	1981	自発性の構造と役割の機能―実践（実証的考察）―	関係学研究第9巻第1号 p.22～27	
松村康平・土屋明美	1983	心理劇の実践的研究―（1）個と集団の関係技法―	日本相談学会第16回大会発表論文集 p.92	*

＜参考文献＞

著者	年	題目	出典
関係学会編	1994	関係学ハンドブック	関係学研究所
土屋明美監修・関係状況療法研究会編	2013	グループ活動を始める時に―つながりを育む50のかかわり技法―	ななみ書房
日本関係学会編	2011	関係＜臨床・教育＞―気づく・学ぶ・活かす―	不昧堂出版

173

- ●監　修
    - 日本心理劇協会
    - 日本関係学会
- ●編　集
    - 土屋　明美（東京薬科大学）
    - 小里　國惠（日本心理劇協会）
    - 武藤　安子（横浜国立大学名誉教授）

楽しみを舞台にのせて ―ともに創る心理劇

2014年6月15日　第1版第1刷発行

●監　修	日本心理劇協会／日本関係学会
●編　集	土屋明美／小里國惠／武藤安子
●発行者	長渡　晃
●発行所	有限会社　ななみ書房
	〒252-0317　神奈川県相模原市南区御園 1-18-57
	TEL　042-740-0773
	http://773books.jp
●装　丁	内海　亨
●印刷・製本	協友印刷株式会社

©2014　Nihonshinrigekikyoukai・Nihonkankeigakkai
ISBN978-4-903355-41-2
Printed in Japan

定価はカバーに記載してあります／乱丁本・落丁本はお取替えいたします